Seelentrost

Roman

Für meine einzigartige Familie,
für Linda und unser Sternenkind

Diana Hübner

Exposé

Im Alter von nur drei Jahren verloren die Zwillinge Vince und Lindsay ihre Eltern bei einem Unfall.

Die Kinder saßen damals ebenfalls im Wagen, überlebten aber nur leicht verletzt. Sie wurden in einem Heim untergebracht, in dem sie unbeschwert die ersten Jahre ihrer Kindheit verbrachten. Aber der Wunsch, gemeinsam in einer richtigen Familie aufzuwachsen, blieb. Umso größer schien das Glück, als sie nun im Alter von zehn Jahren gemeinsam von einem kinderlosen Paar mit Zweitwohnsitz in der Schweiz adoptiert wurden. Sie lebten mit diesem in einer wunderschönen Villa mit großem Garten und es mangelte den Kindern scheinbar an nichts. Dennoch war die Haushälterin Emma die Einzige, die den Kindern etwas Zuneigung und Liebe entgegenbrachte, denn dazu waren die Eltern offensichtlich nicht in der Lage. Vielmehr sah es so aus, als dass sie nichts mit den Kindern anfangen konnten. Mehr und mehr hatte Vince das Gefühl, dass etwas nicht stimmte. Der Junge fand Hinweise darauf, dass im Haus bereits Kinder gelebt haben mussten, obwohl die Adoptiveltern das vehement verneinten. Auch Emma reagierte verschlossen, wenn Vince sie auf Mike und Nancy Brunners Vergangenheit ansprach.

Als er die Ferien mit seiner Schwester und dem Ehepaar Brunner in einer abgelegenen Berghütte in den Schweizer Bergen verbrachte, bestätigte sich auf grausame Weise seine Vorahnung.

Ein Alptraum begann, der für den damals noch kleinen Jungen niemals wirklich enden sollte. Denn er schafft es bis heute nicht, sich von den Dämonen seines schrecklichen Schicksals zu befreien, die ihm erst seine Eltern und dann auch seine geliebte Schwester nahmen...

Die Autorin

Diana Hübner wurde 1974 geboren und lebt mit ihrer Familie in einem kleinen Dorf in Südthüringen.
Hauptberuflich ist sie Polizeibeamtin, Ehefrau und Mutter dreier wunderbarer Kinder.
Seit ihrer Kindheit schreibt sie kleine Geschichten und Gedichte.
Im Juli 2014 wurde ihr Debütroman
„Traumleuchten" veröffentlicht, womit sich ein lang gehegter Wunsch erfüllte.
„ Seelentrost" ist nun der zweite Roman der Autorin.

Prolog

Es war der schönste Tag in seinem Leben bisher. An seinem 10. Geburtstag hatte sich Vince nichts sehnlicher gewünscht, als endlich mit seiner Schwester Lindsay zusammen adoptiert zu werden. Es war jetzt schon sieben Jahre her, dass Lindsay und er in das Kinderheim gebracht worden waren. Nur schemenhaft konnte er sich noch an den Unfall erinnern. Sie waren gerade drei Jahre alt. Sie saßen zusammen mit ihren Eltern im Wagen und waren auf dem Weg in den Urlaub. Das zumindest wurde ihnen später erzählt.

Bruchstückhaft sah Vince immer wieder einzelne Szenen des Unfalls vor sich:

Feuer, unendliche Hitze und Schreie. Die Schreie seiner Mutter. Die Schreie verstummten irgendwann und das Nächste, an das sich Vince erinnern konnte, war, dass er mit seiner Schwester und diesen anderen Kindern in einem großen Saal saß.

Die Erinnerung an seine Eltern war nie ganz verblasst, das wunderschöne Gesicht seiner Mutter würde er nicht vergessen können. Sie hatte weiche, dunkle und unendlich lange Haare, riesige dunkle Augen, so wie seine eigenen. Und ihre süße Stimme, die Vince noch immer so präsent war, tröstete ihn Nacht für Nacht und ließ ihn trotz des Schmerzes über den Verlust seiner Familie ruhig einschlafen.

Lindsay war bei ihm, sie waren sicher in diesem Haus und sie würden alles gemeinsam schaffen. Und jetzt würde erst recht alles gut werden. Ein Ehepaar, mit Zweitwohnsitz in der Schweiz, hatte sich gemeldet und sich bereit erklärt, die Zwillinge aufzunehmen. Es sollte zunächst für drei Monate sein, um sich kennen zu lernen. Das Paar sollte sich danach entscheiden, ob die Kinder bei ihnen bleiben und aufwachsen konnten.

Das hieß für Vince und seine Schwester, sich von ihrer besten Seite zu zeigen. Er hatte das mit Lindsay schon besprochen. Es sollte nicht schwer sein, Mike und Nancy Brunner davon zu überzeugen, dass sie ausgesprochen liebe und nette Kinder waren. Das war ihre Chance auf eine glückliche Zukunft in einer Familie, das musste einfach gut gehen....

1

30 Jahre später…

Schweißgebadet wachte Vince am Morgen auf. Debbie, seine Frau, lag friedlich schlafend neben ihm. Wie er sie manchmal darum beneidete! Seit damals hatte er selten eine ruhige und traumlose Nacht gehabt, wäre fast an dem zerbrochen, was er als Kind hatte erleben müssen. Seine Geschichte war gerade jetzt wieder so präsent, als wäre sie eben erst geschehen. Es war immer so in den letzten Tagen und Wochen vor seinem Geburtstag. Denn genau an diesem Tag wurde er immer wieder schmerzlich daran erinnert, dass er seine Zwillingsschwester Lindsay verloren hatte, auf eine Art und Weise, die er nie würde verwinden können. Das Band zwischen ihnen war so stark gewesen, dass er seither glaubte, ein Teil seines Selbst wäre gestorben. Die Liebe zu seiner Frau und den Kindern hatte Vince geholfen, mit seinem Leben fertig zu werden und Debbie war auch die Einzige, die seine Lebensgeschichte in ihrem ganzen Ausmaß kannte…

Mike und Nancy Brunner hatten ihn und Lindsay in einem schicken Wagen abgeholt. All ihre wenigen Sachen waren in zwei Koffern verpackt und zum Abschied winkte Frau Welker, die Leiterin des Kinderheimes, ihnen noch einmal aufmunternd zu. Obwohl sich Vince freute, endlich die Gelegenheit zu bekommen, mit Lindsay in einer Familie zu leben, wie sie es sich immer gewünscht hatten, dachte er etwas melancholisch an die Zeit im Kinderheim zurück. Sie hatten es nicht schlecht dort gehabt, sie waren ausreichend und gut versorgt worden und auch in der Schule hatten die Zwillinge keine Probleme gehabt. Die beiden wurden liebevoll ViLi genannt, weil sie nie getrennt waren und es auch nicht sein wollten. Es gab den einen nicht ohne den anderen. Lindsay und Vince waren nicht nur aufgrund der Tatsache so eng miteinander verbunden, dass sie Zwillinge waren, sondern auch ihr gemeinsames Schicksal, der Verlust ihrer Familie, hatte sie zusammengeschweißt. Die wenigen Erinnerungen an ihre Eltern hielten sie in ihren Gedanken am Leben.

Die Fahrt dauerte ungefähr zwei Stunden. Lindsay war aufgeregter als Vince, zeigte ihm, auf der Rückbank des geräumigen Geländewagens sitzend, jeden einzelnen Baum, jeden Vogel, jedes Stück Wiese. Vince teilte die Euphorie nur zum Teil. Ein etwas mulmiges Gefühl hatte sich in

seinem Magen breit gemacht. Es war sicher des-
halb, weil ihnen etwas Neues bevorstand, etwas,
das er noch nicht kannte. Vince konnte nur hof-
fen, dass sie beide auf dem richtigen Weg waren.

Das Ehepaar Brunner hatte sich während der
Fahrt kaum mit den Kindern unterhalten. Auch
darüber machte sich Vince Gedanken. Wollten sie
sie nicht kennen lernen? Nicht wissen, wer und
wie sie waren? Vince hatte zwar keine Vorstel-
lung davon, wie so etwas ablaufen würde, aber
ein wenig seltsam kam es ihm schon vor. Na ja,
vielleicht würde es sich ändern, wenn sie da wä-
ren.

Das Haus, vor dem der Wagen schließlich hielt,
war eine prachtvolle Villa.

„Willkommen in eurem neuen Zuhause!", sagte
Nancy Brunner, als sie die Wagentür für die Kin-
der öffnete. Fasziniert stiegen Vince und Lindsay
aus, alles in Augenschein nehmend, was sich ih-
nen bot. Die Villa war umgeben von einem gro-
ßen Garten, der einer Parkanlage glich. Wunder-
schöne alte Eichen säumten das riesige Gelände
und in der Ferne konnte Vince einen Teich aus-
machen. Hier konnte man sich wirklich wohl füh-
len, es war ein traumhafter Ort der Ruhe und
gleichzeitig ein Ort, an dem sich Kinder austoben
konnten.

Ehrfürchtig betraten die Kinder das große Haus. Im Eingangsbereich kam ihnen eine ältere Dame entgegen.

„Hallo, ihr zwei, ich bin Emma, ich habe schon so viel von euch gehört. Ich bin die Hausdame und werde mich um alles kümmern. Frau Brunner, Herr Brunner, willkommen zurück."

Mit einem kurzen Nicken begrüßte Emma ihre Arbeitgeber.

Ein Dienstmädchen! Das war ja vollkommen absurd. Mich daran zu gewöhnen, wird mir sicher schwer fallen, dachte Vince. Er war es seit jeher gewohnt, sich selbst um seine und die Belange seiner Schwester zu kümmern.

Emma trug ihre Koffer nach oben und zeigte den Kindern ihre Zimmer. Vince kam sich noch immer deplatziert vor, wollte Emma die Sachen abnehmen, aber mit einem energischen Kopfschütteln wies sie ihn in die Schranken.

Es war wohl nicht üblich in diesem Haus, dass man sich gegenseitig half. Vince bemühte sich, diese Gepflogenheit zu akzeptieren.

Es dauerte nur ein paar Minuten, als Lindsay schon zu ihm gerannt kam und freudestrahlend an ihm zerrte.

„Schau dir mein Zimmer an, Vince, es ist ein Traum!"

Vince ließ sich hinüber in Lindsays Zimmer ziehen und fand sich in einer rosa Prinzessinnen-Suite wieder. Lindsay hatte ein Himmelbett, das mit mindestens zehn Kissen bestückt war. Eine herrlich große Glastür führte auf eine kleine Terrasse, die zum großen Garten hin ausgerichtet war. Ein Schreibtisch, eine Musikanlage und ein Fernseher ließen keine Wünsche offen. In einem kleinen Nebenzimmer befand sich der begehbare Kleiderschrank. Vince war überwältigt. Das war wirklich alles zu viel des Guten. Er konnte und wollte mit solchem Luxus gar nicht umgehen. Er schaute sich etwas genauer um, während Lindsay aufgeregt alles in ihrem Zimmer ausprobierte und begutachtete.

Es hatte den Anschein, als sei das Zimmer erst kürzlich neu gestaltet worden. An manchen Stellen war die Farbe sogar noch feucht und auch die Möbel hinterließen noch einen sanften Geruch von frisch aufbereitetem Holz.

Ausgelassen schwenkte er Lindsay im Zimmer herum.

„Es ist herrlich hier, nicht wahr, Vince? So habe ich es mir immer erträumt, jetzt werden all unsere Wünsche wahr."

Lindsay ist glücklich, dachte Vince, also würde er seine Bedenken beiseiteschieben und sich an die neue Situation gewöhnen. Aber er würde versuchen, mit dem Ehepaar Brunner zu reden. Sie waren nicht in einem solchen Überfluss aufgewachsen und wollten auch nicht den Eindruck erwecken, dass dies nötig war.

Endlich machte er sich lachend von seiner Schwester los und ging in das Zimmer, welches ihm zugedacht war. Es lag Lindsays Zimmer direkt gegenüber. Als er die Tür öffnete, überraschte er Emma dabei, wie sie etwas vom Boden aufhob, es aber wieder fallen ließ. Sofort kam sie auf ihn zu und zeigte ihm mit einer auffallend ausladenden Geste sein Reich. Tief beeindruckt schaute er sich im Raum um. Auch sein Zimmer war mit allem ausgestattet, was sich ein Junge in seinem Alter nur wünschte. Das große Fenster führte auf eine Terrasse, die über den Haupteingang hinaus ging.

,,Die Brunners erwarten euch in einer halben Stunde im Salon zum Essen.", sagte Emma im Gehen.

Vince drehte sich zu ihr um und bedankte sich. Ein liebevolles Lächeln trat auf Emmas Lippen, und bevor sie die Tür schloss, schaute sie nochmals zu Vince. Ihr trauriger Blick war kaum spürbar, aber Vince war er nicht entgangen. Was war nur mit Emma los? Irgendetwas schien ihr auf der Seele zu liegen, aber Vince konnte sich nicht erklären, was es sein könnte.

Staunend ging er im Raum auf und ab. Lindsay kam pfeifend hereingelaufen und blieb unvermittelt stehen.

„Wow!", brachte sie heraus und Vince lächelte sie an.

„Es ist einfach toll, oder?" Lindsay fiel ihm in die Arme. Sie musste die Unsicherheit in Vince' Gesichtsausdruck bemerkt haben.

„Mach dir keine Sorgen. Es wird alles gut und wir werden bestimmt keine verwöhnten Kinder werden, dafür sorgen wir schon. Hauptsache, wir sind füreinander da und passen aufeinander auf, Vince."

Sie hatte Recht, das war das Wichtigste, sonst zählte nichts.

Den Zettel, den Emma bei Vince' Erscheinen im Zimmer erschrocken hatte fallen lassen, bemerkte er vorerst nicht. Vielmehr hatte er den Vorfall längst wieder vergessen, als er mit seiner Schwester hinunter in den Salon ging.

2

Vince versuchte, seine Erinnerungen zu verdrängen. Es war jetzt sieben Uhr morgens, es war Zeit aufzustehen. Der Alltag würde ihn ablenken, dachte er. Leise, um Debbie nicht zu wecken, ging er ins Badezimmer. Er stellte die Dusche an und ließ sich durch den heißen Wasserstrahl den Traum der vergangenen Nacht abspülen. Er hatte immer wieder das letzte Bild seiner Schwester vor Augen, welches er wohl niemals vergessen würde. Immer wieder aufs Neue erlebte er in seinen Träumen die letzten gemeinsamen Augenblicke mit Lindsay.

Entschlossen, sich nicht wieder in eine tiefe Depression stürzen zu lassen, stieg er aus der Dusche, zog seinen Morgenmantel über und ging leise ins Kinderzimmer. Seine hübschen Töchter Ellen und Dana schliefen noch tief und fest. Vince schaute ihnen so gerne dabei zu. Wenn er sie ansah, war er glücklich. Manchmal wagte er es kaum zu glauben, ein solches Glück noch einmal erleben zu dürfen. Vince konnte sich nicht von seinen Schuldgefühlen befreien, die er nach all den Jahren noch immer mit sich herumtrug. Er hätte auf Lindsay achten sollen, sie beschützen müssen, aber er hatte versagt!

Seine Töchter und seine Frau hatten ihn ins Leben zurückgeholt, ihm die Liebe geschenkt, die er so gebraucht hatte, und er war mehr als dankbar für dieses Glück. Ellen, die ältere der beiden Kinder, regte langsam ihren müden kleinen Körper. Sie war jetzt zehn Jahre alt, so alt wie Vince und Lindsay damals, als sie zu Mike und Nancy gekommen waren. Vorsichtig öffnete sie die Augen und blickte ihrem Vater ins Gesicht. Sein fürsorglicher Blick brachte sie zum Lächeln. Sie streckte ihm die Arme entgegen, um sich von ihm halten zu lassen. Doch die innige Umarmung währte nicht lange. Ein 6 - jähriges Energiebündel namens Dana sprang Vince auf den Rücken und die drei begannen ausgelassen miteinander zu raufen.

Das Gekicher der Kinder weckte schließlich auch Debbie. Sie setzte sich auf und wusste, dass Vince wieder eine schlimme Nacht hinter sich haben musste. Er ging dann immer zuerst zu den Kindern, um die Träume zu vertreiben. Debbie war froh darüber, dass Vince so zumindest zeitweise seine Schuldgefühle los wurde. Leise ging sie ins Kinderzimmer und sah ihren Lieben beim Raufen zu. Spitzbübisch lächelte sie, bevor auch sie sich mit ins Getümmel stürzte.

3

Es wird heute ein langer Tag werden, dachte Vince, als er auf dem Weg ins Büro war. Er war Teilhaber einer Anwaltskanzlei und wirklich sehr gut in seinem Job. Es standen wichtige Gerichtstermine an und Vince musste noch einige Dinge vorbereiten.

Seine wichtigste Mandantin derzeit war Juliette Brown. Juliette hatte ihren Mann niedergeschlagen, weil er sie zum wiederholten Mal vergewaltigen wollte und dabei schon oft schwer verletzt hatte. Es galt nun, den Geschworenen aufzuzeigen, warum es zu dieser Verzweiflungstat durch Juliette gekommen war, bei der ihr Mann leider so schwer verletzt wurde, dass er heute ein Pflegefall war.

Anfangs war es für Vince nicht leicht gewesen, sich an die Gesetzmäßigkeiten und die Arbeit der Gerichte in New York zu gewöhnen. Er hatte in der Schweiz studiert und das Rechtssystem in Amerika war natürlich ein ganz Anderes.

Lindsays und Vince Vater war Amerikaner und hatte damals, als er in Deutschland stationiert war, ihre Mutter kennengelernt. Sie hatten sich unsterblich verliebt und der Vater war in Deutschland geblieben. Vielleicht zog es Vince deshalb zurück in die Staaten, zurück zu seinen Wurzeln, seinem Ursprung.

Vince hatte großes Glück gehabt, als Anwalt auch in Amerika zugelassen worden zu sein, hatte jedoch noch viel dazulernen müssen. Aber er hatte es zu einem der besten Anwälte der Stadt gebracht und darauf konnte er mit Recht stolz sein.

Besonders dankbar für die Verwirklichung seines Lebenstraumes war Vince seiner Granny, wie er sie immer genannt hatte.

Emilie Garmel war die Frau, die Vince als gerade mal 11- Jährigen bei sich aufgenommen und groß gezogen hatte. Ihr hatte Vince alles zu verdanken, ohne sie wäre er an seinem Schicksal zerbrochen. Aber Granny hatte ihn ermutigt, ja stellenweise dazu gedrängt, sein Leben in die Hand zu nehmen, es zu dem zu machen, was es heute war, wer er heute war.

Vince hatte sehr darunter gelitten, als sie starb. Granny hatte ihm noch auf dem Sterbebett das Versprechen abgenommen, in die Welt hinauszugehen und für Gerechtigkeit zu kämpfen. Obwohl er Granny nie erzählt hatte, was genau geschehen war, bevor er zu ihr kam, hatte sie wohl doch einen Verdacht, dass dem Jungen weit Schlimmeres zugestoßen sein musste, als offiziell bekannt war.

Sein Taxi hatte Mühe, sich durch den Verkehr zu kämpfen. Vince hatte es vorgezogen, seinen Wagen zu Hause zu lassen, da es ausgenommen schwierig war, in dieser Stadt einen Parkplatz zu finden. Außerdem würde Debbie den Wagen später brauchen, wenn sie zum Verlag fuhr. Sie arbeitete stundenweise in der Redaktion der Times. Bevor die Kinder geboren wurden, war sie Chefredakteurin im Verlag gewesen und wollte auch später, wenn die Kinder älter waren, wieder Vollzeit arbeiten. Vince bewunderte ihre Energie, auch damals schon, als er sie in der Redaktion kennen gelernt hatte. Vince war zu einem Interview bezüglich eines seiner Fälle bestellt worden und hatte plötzlich Debbie gegenüber gestanden.

Noch heute konnte er nicht genau sagen, was er in dem Interview gesagt oder geantwortet hatte. Er war vom ersten Augenblick an von Debbie fasziniert gewesen.

Er war gefangen in ihren Augen, die groß und von einem so intensiven Grün auf ihn herabblickten, dass es augenblicklich um ihn geschehen war. Ihre Haare waren ein wildes Durcheinander aus roten Locken, die sich wie ein Wasserfall über Debbies Schultern ergossen.

Vince war so in das Betrachten ihrer vielen kleinen Sommersprossen vertieft, dass er nicht einmal mitbekam, wie Debbie ihn amüsiert betrachtete. Sie musste bereits eine Weile nichts gesagt haben, aber Vince hatte es nicht einmal bemerkt. Debbie lächelte ihn an und Vince konnte nicht anders, als sie sofort zum Essen einzuladen. Sie sagte zu und so begann ihre Liebesgeschichte.

4

Das erste Abendessen in ihrem neuen Zuhause verlief seltsam ruhig. Irgendwann begann Vince seine Pflegemutter zu fragen, wie lange sie schon hier wohnten. Nancy Brunner antwortete knapp, dass sie erst vor kurzem eingezogen wären, allerdings nicht vorhatten, das gesamte Jahr hier zu verbringen. In den Wintermonaten seien sie oft in ihrem Haus in den Schweizer Bergen. Mike Brunner musterte die Kinder während des Essens mit einer nicht erklärbaren, finsteren Mine. Lindsay sah immer wieder verstohlen zu Vince hinüber. Sie schien ebenfalls etwas verwirrt über das Verhalten der Brunners zu sein. Scheinbar hatten sie kein großes Interesse daran, mehr über die

Kinder zu erfahren, die sie zur Pflege aufgenommen hatten. Lediglich Emma lächelte den Kindern ab und an aufmunternd zu.

Nach einiger Zeit traute sich Lindsay zu fragen, in welche Schule sie nach den Ferien gehen würden.

Mike lachte kurz auf und sagte mit seiner einschüchternd tiefen Stimme, dass sie gar keine Schule besuchen würden. Nancy ergriff gleich das Wort und meinte, sie würden in einer Woche eine Privatlehrerin bekommen. Es wäre ohnehin nicht nötig, sie in einer Schule anzumelden, wenn sie doch in weniger als acht Wochen in die Schweiz gingen.

„Ja kommt denn die Lehrerin dann auch mit in die Schweiz?", fragte Vince nach.

„Mach dir darüber mal keine Sorgen, mein Junge", gab Nancy zurück.

Vince und Lindsay schauten sich kurz an, vermieden es aber, weitere Fragen zu dem Thema zu stellen.

„Wie gefallen euch die Zimmer?", fragte Emma plötzlich in die Stille hinein. Vince bemerkte einen tadelnden Blick von Mike.

„Sie sind ganz wunderbar, nicht wahr, Vince? So traumhaft schön und die vielen Sachen, mit denen wir spielen können!" Begeistert schaute sie abwechselnd von Vince zu Emma.

„Danke, Frau Brunner, Herr Brunner!", sagte Lindsay etwas leiser.

„Gern geschehen, Kinder", antwortete Nancy.

„Hat uns auch genug gekostet!", knurrte Mike und wurde dafür sofort von seiner Frau mit einem bösen Blick bedacht.

Vince fühlte sich in dieser Gesellschaft immer unwohler. Er wurde das Gefühl nicht los, dass die Brunners gar nicht so glücklich darüber waren, sie beide jetzt im Haus zu haben.

Aber sie hatten sie doch in Pflege nehmen wollen, sie sogar adoptieren wollen, oder etwa nicht? Irgendwie verstand Vince das Verhalten der beiden nicht ganz. Aber vielleicht brauchten sie alle zusammen auch noch etwas Zeit, um sich einander anzunähern.

Nach dem Abendessen wurden die Kinder in ihre Zimmer entlassen.

„Wir erwarten euch morgen früh um acht Uhr zum Frühstück. Wenn ihr Fragen habt, wendet euch an Emma, sie bewohnt in der oberen Etage das Zimmer am Ende des Ganges."

Nancys Aufforderung klang kühl und bestimmt. Emma nickte nur und begleitete die Kinder in ihre Zimmer.

„Ich werde noch ungefähr eine Stunde brauchen, dann bin ich für euch da, ihr beiden." Emma lächelte die Kinder an und schob sie in Lindsays Zimmer.

Betreten ließen sich die Kinder auf Lindsays großem Bett nieder und schauten sich im Zimmer um.

„Vince, es ist wirklich wunderbar hier, aber irgendwie fühle ich mich komisch." Vince wusste nur zu gut, was seine Schwester meinte.

„Ich weiß, Kleine, die Brunners verhalten sich ein bisschen seltsam. Vielleicht liegt es daran, dass sie keine eigenen Kinder haben und uns beide erst näher kennen lernen müssen. Dann wird es bestimmt besser." Vince nahm seine Schwester in den Arm, um ihr ein wenig Sicherheit zu geben.

„Du hast bestimmt Recht. Außerdem haben wir Emma. Sie ist ganz nett und sie hilft uns bestimmt auch dabei, uns hier einzuleben." Das hoffe ich, dachte Vince.

5

Vince war endlich an der Kanzlei angekommen. Schnellen Schrittes durchquerte er die Lobby. Ein Blick auf die Uhr zeigte ihm, dass er weniger als eine Stunde Zeit hatte, sich auf den Juliette-Brown-Fall vorzubereiten. Er hatte nachher einen Termin mit Juliette und wollte ihr unbedingt gute Neuigkeiten überbringen können. Es wurde davon abgesehen, sie weiter in Untersuchungshaft zu lassen, da sie sich trotz aller Geschehnisse bereit erklärt hatte, sich um John, ihren Mann, zu kümmern. Vince konnte sich noch sehr gut an die Vorverhandlung im Gericht erinnern. Bisher hatte er keine Frau wie Juliette kennen gelernt. Sie hatte ihn darum gebeten, ihr Statement vor Gericht selbst halten zu können.

Sie stand auf, die Augen auf die Anwesenden im Saal gerichtet, und begann zu schildern, wie es zu der Tat gekommen war. John Brown, seit über 30 Jahren ihr Ehemann, hatte sie im Laufe der letzten Jahre immer wieder vergewaltigt und geschlagen. Sie erklärte, dass sie Verständnis für seine Situation gehabt habe, da er seinen langjährigen Job bei einer renommierten Computerfirma verloren hatte. Er begann zu trinken und jedes Mal, wenn er betrunken war, ließ er seine Wut an ihr aus. In den Jahren, in denen die Kinder noch zu Hause wohnten, hatte sie seine Wutausbrüche meist irgendwie verheimlichen können

Oft musste sich Juliette auf Arbeit krank melden, da sie vor Schmerzen kaum laufen konnte, und riskierte damit auch ihren Job. Als die Kinder aus dem Haus waren, wurden die Angriffe immer häufiger. John hatte sich seit seiner Entlassung nie wieder um einen anderen Job gekümmert. Wenn er also nicht gerade in der Kneipe war und Juliettes hart erarbeitetes Geld versoff, war er zu Hause. Eine unerträgliche Situation für Juliette. Immer wieder versuchte sie, vernünftig mit John zu reden, doch er hörte ihr gar nicht zu. Das Verständnis, das sie ihm zu Beginn ihrer Krise noch entgegengebracht hatte, verwandelte sich langsam in Wut und das Bedürfnis nach Selbstschutz.

Der verhängnisvolle Abend fing zunächst eher harmlos an. Juliette kam von der Arbeit aus dem Krankenhaus. Sie hatte sich vorgenommen, noch einmal mit John zu sprechen. Sie wollte ihm sagen, dass, wenn er nicht aufhören würde, sie zu quälen, sie ihn verlassen würde.

Juliette war sich dessen bewusst, dass John darauf nicht sonderlich freudig reagieren würde, aber sie war gewappnet. Eine Tasche war gepackt, ihre Schwester informiert. Sie würde einfach gehen, wenn John versuchen würde, sie wieder anzugreifen.

Aber es kam anders.

Juliette schilderte die dann folgende Situation ruhig und fast emotionslos. Doch man spürte die Schmerzen, die ihr zugefügt worden waren und die, die sie verursacht hatte. Und man sah ihr die Ohnmacht an, das Geschehene nicht rückgängig machen zu können.

Als sie ins Haus kam, war zunächst alles ruhig. Das Wohnzimmer war abgedunkelt. Nur der Fernseher lief lautlos vor sich hin. John war jedoch nicht im Raum. Juliette ging in die Küche. Hier brannte das Licht und die Kühlschranktür stand auf.

„John?", rief Juliette verhalten. Es kam keine Antwort. Vielleicht schläft er, aber eigentlich wäre das für ihr Vorhaben nicht sonderlich gut. Etwas entspannter und doch froh darüber, der möglichen Auseinandersetzung aus dem Weg gehen zu können, ging sie um den großen Esstisch herum und schloss die Kühlschranktür. Es knirschte unter ihrem Schuh und Juliette bemerkte eine zerschlagene Bierflasche am Boden. Tief durchatmend hob sie sie auf, aber als sie dabei unter den Tisch sah, stockte ihr der Atem!

John lag da, blutverschmiert, unter und neben sich Scherben weiterer Flaschen. Juliette schrie auf. Sie versuchte John aufzurichten, doch er war zu schwer. Er kam langsam zu sich. Als er Juliette erkannte, begann er sie anzuschreien und zu beschimpfen. Juliettes beruhigende Worte schienen ihn nur noch mehr in Rage zu versetzen.

„John, ich werde jetzt einen Krankenwagen rufen."

Sie stand langsam auf, um nach dem Telefon zu suchen. Es ist das Beste, ihn ins Krankenhaus bringen zu lassen. Er ist betrunken und hat sich wahrscheinlich bei seinem Sturz verletzt, dachte Juliette. Es ist das Beste so. Sie hätte dann ein paar Tage Ruhe, um über alles nachdenken zu können.

„Leg das beschissene Telefon weg! Ich brauche keinen verdammten Arzt!", lallte John. Ruckartig drehte sich Juliette um. John stand genau vor ihr, schwankend zwar, aber mit hasserfülltem, starren Blick.

„John, was soll das, du bist verletzt, du musst dich behandeln lassen!"

Juliette wich ihrem Mann aus und stieß dabei mit dem Rücken gegen die Arbeitsplatte.

„Du rufst niemanden an, du Schlampe!"

Erst jetzt bemerkte Juliette, dass John am linken Arm stark blutete. In der Rechten hielt er eine Scherbe!

Oh Gott, nein, dachte Juliette, er wird mich doch nicht wieder angreifen? Dessen sicher, dass er es doch tun würde, tastete sie vorsichtshalber nach dem Messerblock, der auf der Arbeitsplatte stand.

„Ha, du wirst doch wohl deinen Mann nicht verletzen wollen, du mieses Stück?"

John warf laut lachend seinen Kopf in den Nacken, als er bemerkte, dass Juliette versuchte, nach einem Messer zu greifen. Ein starker Alkoholgeruch kam Juliette entgegen, so dass ihr augenblicklich schlecht wurde.

So entsetzlich wütend hatte sie John noch nie erlebt. Er musste so viel getrunken haben, dass sein Verstand völlig aussetzte.

„John, beruhige dich doch…", brachte sie gerade noch heraus, als John einen Schritt auf sie zukam und die Glasscherbe vor Juliettes Gesicht hielt.

„Ich werde dir deine Visage zerfetzen!"

Panisch und instinktiv reagierte Juliette.

Sie umfasste das Messer fest und stieß es John mit aller Kraft in die linke Schulter.

Mit einem lauten Aufschrei, der Juliette durch Mark und Bein ging, taumelte John zurück und stürzte zu Boden.

„Nein! Das wirst du nicht tun…", flüsterte Juliette leise, bevor sie in sich zusammensackte und das Bewusstsein verlor.

Wie lange sie so neben John am Boden gelegen hatte, vermochte Juliette nicht mehr zu sagen. Als sie erwachte, richtete sie sich langsam auf und ging stoisch zum Telefon, um die Polizei zu rufen.

„Ich glaube, ich habe meinen Mann niedergestochen, bitte kommen Sie schnell, er braucht einen Arzt. Er ist bei Bewusstsein, aber bitte beeilen Sie sich!"

Die Arme eng um sich geschlungen, zitternd und mit den Füßen hin und her wippend, stand Juliette in der Ecke der Küche. Ohne den Blick von John abzuwenden, der sich vor Schmerzen auf dem Boden wand, wartete sie auf das Eintreffen der Polizei. Das Messer stak noch immer in seiner Schulter. Als sich ihre Blicke trafen, sah Juliette Bedauern in seinen Augen, aber es war zu spät. Es war geschehen!

Später wurde festgestellt, dass die Verletzung der Schulter durch das Messer nicht die Ursache für die linksseitige Lähmung des Oberkörpers gewesen war. Durch eine Scherbe, die in Johns Arm steckte, war eine Sehne und damit der Nerv irreparabel verletzt worden.

Diese Tatsache änderte allerdings nichts daran, dass Juliette ihren Mann angegriffen hatte und dafür angezeigt wurde.

Immer wieder dachte Vince an die Stunden im Gerichtssaal zurück. Er konnte sich nicht vorstellen, welches Gericht der Welt Juliette je verurteilen würde, aber Johns Anwalt war ein harter Gegner. Vince hatte vor, auf Notwehr zu plädieren und Sozialarbeit anzubieten. Juliette bestand darauf, ihren Ehemann zu pflegen, auch wenn er jahrelang ihr Peiniger gewesen war. Doch es war ihre Art der Wiedergutmachung, nicht nur der Schuld, die sie an der Situation hatte, sondern auch der der letzten Jahre der Ehe mit John.

Vince bewunderte Juliette für ihr Auftreten. Sie hätte genauso gut auch einfach gehen können, nach dem Urteil ein neues Leben beginnen und alles hinter sich lassen können. Aber sie tat es nicht, sie wollte trotz allem oder gerade deshalb bei John bleiben. Juliette hatte Vince anvertraut, dass sie froh war, endlich ihren Mann wiederzuhaben. Sie hatte einige Gespräche mit ihm geführt und auch bei der Verhandlung im Gericht war er anwesend. John schien ehrlich zu bereuen, was geschehen war, und vor allem, warum es dazu gekommen war.

Das Urteil am Nachmittag würde es zeigen. Vince war gut vorbereitet, er würde alles daran setzen, der Gerechtigkeit zum Sieg zu verhelfen. So wie er es damals auch hätte tun sollen, aber als Junge noch nicht in der Lage dazu gewesen war...

6

Ein lautes Summen riss Vince aus seinen Träumen. Enttäuscht, die wenigen Erinnerungen an seine Eltern wieder seiner Traumwelt überlassen zu müssen, schaute er sich im Raum um. Er begriff langsam, wo er war. Es war nicht mehr der Schlafraum im Kinderheim, den er sich mit drei anderen Jungen und meist mit seiner Schwester teilte, nein, es war dieses neue, große Zimmer. Sein neues Zimmer. In einem neuen Haus, einer neuen Familie. Ein Lächeln breitete sich auf seinem spitzbübischen Gesicht aus, als er sich zum lärmenden Wecker umdrehte. Seine Schwester lag noch zusammengerollt wie eine kleine Kugel neben ihm, an seinen Rücken gekuschelt, so wie sie es schon unzählige Male zuvor getan hatte. Vince drückte auf den Wecker, beugte sich vorsichtig über seine Schwester und blies ihr sanft ins Ohr. Er wusste, wie sehr sie das hasste, konnte es aber dennoch nicht lassen. Er musste schnell sein, wenn Lindsay aufwachte, denn sie schlug sofort zurück. Und genau so kam es auch. Seine Schwester fuhr hoch, noch völlig verschlafen und desorientiert.

Irritiert schaute sie sich um, aber als sie Vince grinsend am anderen Ende des Bettes sitzen sah, war Lindsay hellwach. Blitzschnell griff sie nach den Kissen und warf sie nach Vince.

Das Lachen der Kinder hallte durch den oberen Flur. Emma kam gerade die Treppe herauf und ihr Herz machte einen kleinen Sprung, als sie die Kinder toben hörte. Sie hatte die beiden schon ins Herz geschlossen und doch wurde sie traurig, wenn sie dabei an Mike und Nancy dachte. Die beiden waren nicht fähig, mit Kindern umzugehen, das wusste sie. Sie hatte es bereits erlebt, und bis heute wusste sie nicht, was mit Simon wirklich geschehen war.

Emma wischte sich eine Träne aus dem Augenwinkel, bevor sie an Lindsays Zimmertür klopfte. Sofort wurde es ruhig im Zimmer. Eine dünne Stimme antwortete:

„Herein?"

Langsam öffnete Emma die Tür und sah die Kinder vollkommen zerzaust auf dem Bett sitzen.

„Guten Morgen, ihr Lieben. Es ist Zeit aufzustehen. Die Brunners erwarten euch gleich zum Frühstück."

Liebevoll wuschelte sie Lindsay durchs Haar.

„Habt ihr beide zusammen hier geschlafen?"

Etwas betreten schauten sich die Kinder an.

„Ja, wir schlafen immer zusammen. Ist das ein Problem? Dürfen wir das hier nicht?"

Im ersten Moment wusste Emma nichts zu antworten. Sie selbst fand es wunderbar. Sie spürte die enge Verbundenheit der Zwillinge, das Schicksal hatte sie wohl einander noch näher gebracht.

Doch sie ahnte, dass Mike und Nancy wenig begeistert wären. Aber sie mussten es ja nicht erfahren.

„Aber nein, es ist doch wunderbar! Doch wisst ihr, vielleicht sollte es unser Geheimnis bleiben, ja?"

Emma setzte sich zu den Kindern aufs Bett, nahm sie beide in die Arme und drückte sie fest an sich.

Sie liebte diese Kinder jetzt schon, vielleicht würde sie sie beschützen können. Wie oft hatte sie seit dem Vorfall mit Simon daran gedacht, ihre Stellung bei den Brunners aufzugeben. Aber wer sonst sollte sie in ihrem Alter noch einstellen? Sie brauchte dringend das Geld, um ihre pflegebedürftige Mutter zu unterstützen, die Kosten für das Seniorenheim waren immens. Eigene Kinder waren Emma nicht vergönnt gewesen und sie war glücklich darüber, sich jetzt um die Zwillinge kümmern zu dürfen. Die Brunners würden es sicher nicht tun.

Als Emma das Zimmer wieder verließ, standen die Kinder auf. Vince zog sich etwas von seinen Sachen, die er mitgebracht hatte, an und ging mit in Lindsays Zimmer hinüber. Als beide in ihrem gemeinsamen Badezimmer standen, sagte Lindsay:

„Also, ich mag Emma. Aber ich glaube, die Brunners mag ich nicht."

Vince sah sie nur an. Sie schien den gerade gesagten Satz schon wieder vergessen zu haben, als sie sich ihre Haare kämmte, die aussahen wie die ihrer Mutter.

„Ja, ich auch nicht, glaube ich", meinte Vince.

Am Tisch erwarteten die Brunners die Kinder bereits. Nancy Brunner schaute streng auf die Uhr, als Emma gerade hereinkam, um den Kindern Kakao einzuschenken. Doch die Kinder waren pünktlich, also kein Grund zur Rüge.

Außer einem „Guten Morgen", brachten die Kinder kein weiteres Wort heraus. Nancy und Mike schauten so böse, dass sie sich nicht trauten, noch etwas zu fragen.

Vince und Lindsay aßen still und mit wenig Appetit, hatten sie doch gehofft, dass der Morgen etwas freundlicher verlaufen würde als der gestrige Abend.

Mike Brunner räusperte sich kurz, bevor Nancy zu den Kindern schaute.

„Wir mögen es nicht, wenn in unserem Haus herumgetobt wird. Ich möchte, dass ihr euch das merkt."

Lindsay und Vince nickten nur stumm.

„Nach dem Frühstück dürft ihr in den Garten gehen. Emma wird sich um euch kümmern, sobald sie mit der Hausarbeit fertig ist. Ab morgen wird sie euch anleiten, ihr zu helfen."

Mit diesen Worten standen Mike und Nancy auf und verließen den Raum.

Betreten schauten sich die Zwillinge an und dann hinüber zu Emma.

„Aber wir waren doch nicht zu laut, oder?", fragte Lindsay eingeschüchtert.

„Nein, aber seid ab jetzt einfach noch leiser.", entgegnete Emma und nahm das Geschirr vom Tisch.

„Los, ihr beiden, geht in den Garten, schaut euch um, habt Spaß!"

Das ließen sich die Kinder nicht zweimal sagen und rannten durch die offen stehende Terrassentür nach draußen.

Es war einfach ein herrlicher Tag. Die Vögel zwitscherten, der leichte Wind wiegte sanft die Blätter der Bäume und vom Teich hörte man die Enten zedern. Lindsay rannte ausgelassen über *die Wiese und ließ sich erschöpft auf einer Bank nieder.*

Vince lief zu ihr und gemeinsam schauten sie sich ihr neues Zuhause von hier aus an. Es war einfach traumhaft schön.

,, Ist es nicht wunderbar? Das Haus sieht tatsächlich ein bisschen aus wie ein Schloss! Schau doch, Vince, da drüben ist eine Schaukel! Lass uns hinübergehen, ja? "

Und schon riss das Mädchen ihren Bruder hoch und nahm ihn mit zu einer Baumgruppe. Lachend lief Vince seiner Schwester hinterher. Für den Moment waren das mulmige Gefühl und die Unsicherheit vergessen, die Kinder hatten einfach Spaß miteinander und saugten die neue Umgebung förmlich in sich auf.

7

Noch heute sah Vince Lindsay vor sich, wie sie mit wehendem Haar vor ihm davonlief, sich ausgelassen ins Gras warf und mit ihm raufte. Ein Lächeln huschte bei dem Gedanken daran über sein Gesicht.

Das Klingeln seines Handys riss ihn aus seinen Gedanken und er war froh darüber, denn so schön die Erinnerungen auch waren, umso schmerzlicher endeten sie.

„Schatz, hallo! Ist alles in Ordnung bei euch?", fragte Vince.

„Natürlich, alles bestens. Die Kinder sind in der Schule und ich mache mich gleich auf den Weg in die Redaktion. Ich wollte dir Glück wünschen für heute Nachmittag."

Lächelnd bedankte sich Vince bei seiner Frau.

„Geht es dir auch gut? Hast du dich wieder ein wenig beruhigt?"

Seine Debbie! Sie hatte also doch bemerkt, dass er heute Morgen noch ein wenig durcheinander gewesen war, weil ihn erneut Alpträume gequält hatten.

„Ja, mein Engel, es geht mir wieder gut. Wenn ich morgens aufwache und euch um mich habe, geht es mir immer gut. Ich liebe dich, mein Schatz! Hab einen schönen Tag! Bis später!"

Beruhigt legte Debbie auf. Sie würde Vince so gern helfen, wusste jedoch nicht wie. Sein aktueller Fall trug natürlich nicht dazu bei, sich besser zu fühlen, doch sie wusste, wenn Juliette Gerechtigkeit widerfahren würde, wäre Vince glücklich und bestärkt. Die Schuldgefühle, die Vince wegen seiner Schwester hatte, würde er nie ganz loswerden. Auch eine Therapie hätte daran nicht viel geändert, sosehr sich Debbie auch wünschte, Vince würde sich helfen lassen.

Aber mit der Zeit würde alles besser werden. Immer wieder hatte sie Vince erklärt, dass er nicht schuld am Tod seiner Schwester war.

Vince wusste das eigentlich, doch er verzieh sich seine kindliche Naivität und Blauäugigkeit bis heute nicht, verzieh sich nicht, dass er erst zehn Jahre alt gewesen war und nicht in der Lage, seine Schwester besser zu beschützen…

Es war alles vorbereitet, die Verhandlung konnte in Kürze beginnen. Juliette wurde von einer Beamtin ins Gericht gebracht. Kurze Zeit später wurde John in einem Rollstuhl hereingefahren.

Wie Vince der Akte entnommen hatte, würde John nicht für immer an den Rollstuhl gefesselt bleiben. Das war aufgrund seiner zahlreichen Operationen lediglich vorübergehend. Wie sich herausgestellt hatte, war sein rechtes Bein durch den Sturz in der Küche mehrfach gebrochen. Ob es bei dem Sturz nach Juliettes Angriff oder bereits vorher geschehen war, konnte nicht nachgewiesen werden.

John sah jämmerlich aus. Seine Augen sprachen Bände. Sofort suchte er Juliettes Blick und starrte sie eine Weile traurig an. Er konnte offenbar kaum begreifen, was mit ihnen geschehen war. Fast aufmunternd nickte Juliette ihrem Mann zu.

Eine bemerkenswert starke Frau!

Die Verhandlung dauerte nicht länger als eine halbe Stunde. Die Geschworenen waren überzeugt, dass es sich um eine Notwehrsituation gehandelt hatte.

Den Hinweis von Vince, John ebenfalls anzuzeigen, lehnte Juliette auch diesmal sofort ab.

Die gewünschte Einigung wurde herbeigeführt und zum ersten Mal nach Wochen der Verhandlungen verließen Juliette und John gemeinsam den Gerichtssaal.

Vince war zufrieden. Sie hatten das erreicht, was sie wollten, was Juliette wollte. Wäre es nach Vince gegangen, wäre John möglicherweise nicht so leicht davongekommen. Aber dazu hätte es einer neuen Anklage bedurft, die Juliette nicht mitgetragen hätte.

Er meldete sich kurz bei Debbie, um ihr zu erzählen, dass alles gut ausgegangen war. Er konnte nur hoffen, dass John nie wieder rückfällig werden würde!

8

Vince freute sich so sehr auf die kommende Zeit. Die Familie hatte ein paar Tage Urlaub in Kalifornien gebucht, bevor es an die Vorbereitungen zum großen Fest ging.

Debbie hatte es irgendwie geschafft, Vince davon zu überzeugen, seinen 41. Geburtstag zu feiern. Ihr zuliebe. Er feierte seine Geburtstage sonst nie, es waren für ihn keine Feiertage mehr, seitdem er sie ohne seine Schwester verbringen musste. Doch diesmal hatte er zugestimmt, sich feiern zu lassen, zugestimmt, sich nicht in das schwarze Loch ziehen zu lassen, von dem er an diesem Tag immer verschlungen wurde. Dieser Tag war für ihn nicht nur der Tag, an dem er mit seiner Schwester gemeinsam auf diese Welt kam, sondern auch der Tag, an dem er Lindsay und sein bisheriges Leben verlor.

Vince holte sich und seine Gedanken in die Gegenwart zurück. Er war auf dem Heimweg und konnte es kaum erwarten, seine Frauen in die Arme zu schließen.

Kaum hatte er die Tür geöffnet, sprangen ihm die beiden Mädchen schon um den Hals und schrien vor Freude, endlich Ferien zu haben. Sie zerrten Vince regelrecht hinaus in den Garten, um mit ihm zu spielen, und er ließ es sich gerne gefallen. In solchen Momenten konnte er seinem Dank, eine so wunderbare Familie zu haben, kaum Ausdruck verleihen.

Er genoss es, mit den Kindern zu toben, während Debbie das Abendessen vorbereitete. Sie würde noch ein paar Tage arbeiten müssen, bevor sie alle nach Malibu fliegen konnten.

Als Debbie das Haus verließ, schliefen Vince und die Kinder noch. Sie hatte sich vorgenommen, früher anzufangen, um am Nachmittag etwas eher wieder nach Hause gehen zu können.

Von ihrer Kollegin hatte sie per Email einen Auftrag bekommen, in den nächsten Tagen einen Termin mit einer noch unbekannten, wohl aber viel versprechenden Autorin zu vereinbaren, die ihren ersten Roman in der Times promoten wollte.

Debbie wählte kurzerhand die angegebene Telefonnummer.

„Robert Blake, hallo?"

„Mr Blake, Debbie Walthers, New York Times, ich möchte gerne mit Mrs Blake sprechen, ist das möglich?"

Eine kurze Gesprächspause entstand, bevor Debbie erneut nachfragte.

Unsicher, vielleicht eine falsche Nummer gewählt zu haben, fragte sie: „Mr Blake, ich bin doch richtig? Ich würde gerne einen Termin mit Mrs Miranda Blake vereinbaren."

Nach einem kurzen Räuspern meldete sich Mr Blake wieder.

„Meine Frau kann im Moment nicht ans Telefon kommen. Aber wir können gerne einen Termin vereinbaren. Ich vertrete sie. Wann passt es Ihnen?"

Debbie schaute kurz in ihren Terminkalender.

„Wenn es Ihnen nichts ausmacht, würde ich mich gerne gleich morgen mit ihr treffen, sagen wir gegen zehn?"

„Gerne, Mrs Walthers, ich werde da sein."

Noch bevor Debbie antworten konnte, legte Mr Blake auf.

Sie wollte doch eigentlich mit der Autorin selbst reden, aber es hatte sich so angehört, als ob Mr Blake allein zum Termin erscheinen würde. Sie würde es wohl abwarten müssen.

Tatsächlich erschien Mr Blake am nächsten Tag pünktlich um zehn Uhr in der Redaktion. Allein.

Nachdem Debbie ihn hereingebeten hatte, kam sie sofort darauf zu sprechen, dass sie gerne mit Miranda persönlich gesprochen hätte.

„Es tut mir sehr Leid, aber dazu muss ich Ihnen einiges erklären. Ich bin ihr Ehemann und vertrete sie in allen Belangen. Eben auch jetzt, um die vertraglichen Vereinbarungen mit Ihnen zu besprechen."

„Darf ich fragen, warum? Ich dachte, sie würde ihren Roman gerne selbst vorstellen und nach ihren Wünschen vermarkten, schließlich ist sie die Autorin."

Nachdenklich schaute Mr Blake auf. Gedankenverloren wanderte sein Blick zum Fenster. Nach einer Weile richtete er ihn wieder auf Debbie.

„Wissen Sie, es ist eigentlich gar kein Roman. Es ist eine Art Autobiografie. Sie beschreibt einen Abschnitt ihres Lebens, der sie, sagen wir mal, zu der Person gemacht hat, die sie jetzt ist."

Irritiert blätterte Debbie in ihren Unterlagen. Es kam ihr schon etwas seltsam vor, dass nicht Miranda vor ihr saß, sondern ihr Mann. War er eigentlich wirklich ihr Mann oder saß Debbie gerade einer Täuschung auf? Möglich wäre alles, sie hatte schon so manchen Schreiberling erlebt, der sich in der Times auf ungewöhnliche Weise Gehör verschaffen wollte. Kurzerhand fragte sie Mr Blake:

„Sagen Sie, wie lange kennen Sie Ihre Frau bereits? Wie lange sind Sie verheiratet?"

Mr Blake lächelte.

„Ich kenne Miranda, seit wir Kinder waren, geheiratet haben wir allerdings erst im letzten Jahr. Sie zog damals bei uns in der Nachbarschaft ein und, na ja, ich war wohl schon immer von ihr fasziniert. Es ist nicht so einfach zu erklären, aber ich war damals und bin auch heute noch der Einzige, den sie wirklich nahe genug an sich heranlässt. Ich liebe sie eben einfach, so ist das."

Debbie wusste nicht recht, was sie damit anfangen sollte. Diese Liebeserklärung war zwar irgendwie rührend, dennoch hatte sie nichts damit zu tun, weshalb sie hier zusammensaßen. Allmählich zweifelte Debbie daran, dass ihre Kollegin sachgemäß recherchiert hatte, was diesen Fall anbelangte. Sie machte sich in Gedanken eine Notiz, sich noch mal mit Kelly in Verbindung zu setzten. Sie schien ja davon überzeugt zu sein, dass es lohnenswert war, Miranda Blakes Geschichte zu bringen.

„Mr Blake, wir hatten ja diesen Termin heute vereinbart, um über das Buch Ihrer Frau zu sprechen. Um mir jedoch ein Bild von ihr und ihrer Arbeit machen zu können, würde ich sie gerne persönlich kennen lernen. Wäre das möglich?"

Kopfschüttelnd sah Robert Blake Debbie an.

„Ich kann Ihnen nichts versprechen, aber ich werde es versuchen. Ich lasse Ihnen ihre Unterlagen da. Sehen Sie sie bitte durch und entscheiden Sie dann."

Er kann mir nicht versprechen, Miranda persönlich kennen zu lernen? Die Sache wurde ja immer kurioser! Aber gut, belassen wir es dabei, dachte Debbie.

„Ich danke Ihnen für Ihren Besuch und werde mich bei Ihnen melden."

Debbie nahm den Umschlag von Mr Blake entgegen und begleitete ihn zur Tür.

„Auf Wiedersehen, Mr Blake."

„Das hoffe ich.", antwortete er und verließ Debbies Büro.

Seufzend ließ sich Debbie auf ihren Stuhl fallen. Sie hatte eigentlich damit gerechnet, diesen Termin etwas effektiver und mit einem ordentlichen Ergebnis abschließen zu können, aber dem war wohl nicht so. Sie beschloss, Kelly kurz eine Email zu schreiben, in der sie nachfragte, wie es zu dieser möglichen Zusammenarbeit mit Miranda Blake gekommen war. Kelly war doch sonst so zuverlässig in allen Dingen. Diesmal erschloss sich Debbie jedoch der Hintergrund und Sinn der Sache nicht. Hatte Kelly vielleicht persönlich mit Miranda sprechen können?

Nachdem die Email abgeschickt war, nahm Debbie ihre Handtasche und ging zum Fahrstuhl. Morgen noch ein paar Stunden in der Redaktion und dann endlich Urlaub. Sie freute sich wahnsinnig auf die Tage mit ihren Lieben, zumal sie wusste, wie gut es Vince tun würde, endlich einmal abschalten zu können. Ihr Handy klingelte im gleichen Moment, als sich die Fahrstuhltür mit einem Summen öffnete.

„Schatz, wir vermissen dich! Wann kommst du nach Hause?"

Vince´ Stimme klang wundervoll entspannt. Er war mit den Kindern im Garten, Debbie hörte die beiden im Pool toben.

„In etwa zwei Stunden bin ich da, Liebling. Ist alles in Ordnung bei euch?"

„ Ja, aber natürlich. Es ist alles in bester Ordnung. Ich wollte nur fragen, wann du da bist, damit wir dich mit deinem Lieblingsessen überraschen können.", lachte Vince.

„Mhm...da freue ich mich drauf!"

Und das meinte Debbie ernst. Vince konnte sehr gut kochen. Er hatte es damals von seiner Granny gelernt und Debbie so oft davon erzählt, wie viel Spaß sie gemeinsam beim Kochen hatten. Meist war es so, dass sie beim eigentlichen Essen beide keinen Hunger mehr hatten, weil sie schon vorher zu viel genascht hatten. Gerne wäre Debbie dabei gewesen, hätte Granny gerne kennen gelernt. Die Frau, die aus ihrem Vince den Mann gemacht hatte, den sie heute von ganzem Herzen liebte. Debbie wusste, dass Vince ohne die Hilfe dieser Frau nie in ein normales Leben zurückgefunden hätte. Er verdankte ihr alles und vor allem seine Fähigkeit, wieder zu lieben.

Als Debbie aus dem Fahrstuhl stieg, fiel sie ihrem Chef buchstäblich in die Arme. Lächelnd sah er sie an. Mr Smith war ein kleiner, etwas untersetzter Mann, hatte kaum noch Haare auf seinem Kopf und warmherzige braune Augen.

„Sie freuen sich ja richtig, mich zu sehen, Mrs Walthers!"

Ein bisschen überrascht, aber keineswegs verlegen schaute Debbie ihn an.

„Ich freue mich immer, Sie zu sehen, Mr Smith!" Und meinte es genauso.

Debbie versuchte an ihm vorbeizugehen, als er sie nochmals ansprach.

„Mrs Walthers, Sie haben doch morgen Ihren letzten Tag, bevor Sie in Ihren wohlverdienten Urlaub gehen, nicht wahr?"

„Ja, warum fragen Sie? Brauchen Sie mich doch noch länger? Gibt es ein Problem mit der Ausgabe am Wochenende?"

„Nein, nein, ganz im Gegenteil. Ihre Assistentin hat mich vorhin angerufen, sie ist wieder gesund und kommt morgen wieder. Wenn Sie noch alles für sie vorbereiten würden, könnte sie die Auflage fertig stellen und Sie hätten morgen schon Urlaub. Wie klingt das?"

Debbie war ein wenig überrumpelt. Kendra würde wiederkommen, das war schön. Sie war eine wunderbare Assistentin und man konnte sich hundertprozentig auf sie verlassen.

„Das ist ja wunderbar. Ich nehme das Angebot gerne an."

„Das freut mich.", entgegnete Mr Smith.

„Dann wünsche ich Ihnen eine wunderbare Zeit mit Ihren Lieben und kommen Sie mir gut erholt zurück. Beste Grüße an Ihren Mann!"

Damit stieg er winkend in den Fahrstuhl.

Wow, das war ja wunderbar. Kurz entschlossen ließ Debbie ihre Mittagspause ausfallen und machte sich in ihrem Büro daran, alles für Kendra vorzubereiten. Ach, sie mochte ihren Job einfach und noch mehr ihre Kollegen.

Nach einem kurzen Blick in ihr Postfach entdeckte Debbie eine Email von Kendra.

‚Hey, Chefin, ich bin morgen wieder zurück. Ich übernehme gerne deine Arbeit, mach du dir einen schönen Urlaub! ;-) Deine Kendra ´

Schmunzelnd überflog Debbie noch ihre anderen Nachrichten, Kelly hatte noch nicht geantwortet.

Jetzt konnte ihr Urlaub beginnen. Sie freute sich schon diebisch darauf, Vince mit der Neuigkeit zu überraschen, als sie schließlich wenig später das Bürogebäude verließ.

Die Unterlagen von Mr Blake lagen unberührt auf dem Aktenstapel. Debbie hatte sie bereits vergessen.

9

Es war endlich so weit. Heute sollten Lindsay und Vince ihre Hauslehrerin kennen lernen. In den letzten Tagen hatten sich die Kinder ausschließlich mit sich selbst und den Sachen beschäftigt, die sie in ihren Zimmern zum Spielen hatten. Die Pflegeeltern hatten sie lediglich beim gemeinsamen Mittag- und Abendessen gesehen, ansonsten waren sie im Garten oder mit Emma zusammen. Sie gab den Zwillingen das Gefühl, hier wirklich willkommen zu sein. Am Mittag hatte Nancy verkündet, dass sich nun Frau Keller, ihre neue Lehrerin, vorstellen würde. Emmas Gesicht hatte bei dieser Aussage von Nancy einen eigenartigen Ausdruck angenommen und sie war sofort wieder zurück in die Küche gegangen. Vince hatte ihr nachgeschaut und später im Zimmer fragte auch Lindsay nach.

„Meinst du auch, Emma mag diese Frau Keller nicht? Sie hat so komisch reagiert."

Vince zuckte mit den Schultern.

„Schon möglich, aber wir können sie ja nachher fragen."

Es dauerte nicht allzu lange, bis es an der Tür klopfte. Emma trat ein und bat die Kinder, sich langsam anzuziehen.

„Frau Keller wird bald hier sein, besser, ihr seid fertig, bevor sie eintrifft." Geschäftig räumte sie ein paar Sachen in Vince' Zimmer zur Seite.

„Emma, wie ist diese Lehrerin so? Kennst du sie?", fragt Lindsay.

Ruckartig drehte sich Emma zu ihr um.

„Äh, ja, ich habe von ihr gehört. Warum fragst du?"

„Na ja, ist sie sehr streng?"

Eigentlich wollte Lindsay das nicht sagen, aber es kam ihr einfach über die Lippen.

„Ist sie so komisch, wie Herr und Frau Brunner?"

Erschrocken schaute Vince auf. Hatte seine Schwester jetzt eine Grenze überschritten? Bisher hatten sich die beiden nur untereinander über das seltsame Verhalten ihrer Pflegeeltern unterhalten, es aber vermieden, Emma darauf anzusprechen.

„Lindsay, was ist denn das für eine Frage? Die Brunners sind es eben gewohnt, allein zu sein, sie müssen sich erst noch an euch gewöhnen." Oder besser nicht, fügte sie in Gedanken hinzu.

„Frau Keller ist bestimmt ein bisschen streng, aber sie soll euch ja auch etwas beibringen, nicht?" Mit einem Zwinkern versuchte Emma, ihre eigene Unsicherheit zu überspielen. Sie hatte von Anfang an ein ungutes Gefühl gehabt, als ihr offenbart wurde, dass die Brunners wieder ein Kind in Pflege nehmen würden. Ha, wie das klang! In Pflege! Und jetzt waren es gleich zwei so wunderbare Kinder!

Wehmütig musste sie an Simon denken. Was war wohl wirklich aus ihm geworden? Emma spürte, wie ihr erneut die Tränen in die Augen stiegen, wie so oft in letzter Zeit.

Aber nicht vor den Kindern!

„Los, ihr beiden, jetzt aber schnell, macht euch hübsch, damit ihr einen guten Eindruck bei Frau Keller hinterlasst!"

Diese Frau Keller sah eigentlich ganz nett aus. Und es war überraschend zu sehen, welchen freundlichen und fast liebevollen Umgang sie mit Mike und Nancy pflegte. Sie schienen sich bereits länger zu kennen, sie waren sehr vertraut miteinander. Mike blühte in ihrer Gegenwart regelrecht auf. Aus dem sonst so brummigen und wortkargen Mann wurde ein freundlicher, zuvorkommender und herzlicher Mensch, als er Frau Keller begrüßte. Auch Nancy umarmte Frau Keller, eine Geste, die ihr die Kinder nicht zugetraut hätten.

Die Kinder saßen auf dem oberen Treppenabsatz und beobachteten die Szene. Emma kam aus dem Wohnzimmer hinzu, gab dieser Frau jedoch lediglich die Hand und nickte stumm. Vince fiel auf, dass Emma wieder diesen seltsam traurigen Gesichtsausdruck hatte, der ihm schon einmal aufgefallen war.

Nach einem kurzen Wortwechsel, den die Zwillinge nicht verstanden, rief Nancy energisch in ihre Richtung:

„Kinder, kommt eure Lehrerin begrüßen!"

Dieser Ton war ihnen vertraut. Die Kinder schauten sich seufzend an und liefen Hand in Hand die Treppe hinunter. Frau Keller musterte die beiden genau. Auch Emma schien der Blick aufgefallen zu sein. Sie trat schnell an die beiden heran und stellte sie liebevoll vor.

„Das sind Lindsay und Vince. Furchtbar liebe Kinder."

Kam es Vince nur so vor oder wollte Emma ihn und Lindsay irgendwie beschützen?

„Hallo.", sagten die Kinder zeitgleich und streckten nacheinander die Hand zur Begrüßung aus. Doch sie wurden ignoriert.

Wortlos wies Nancy die Kinder an, ihnen ins Wohnzimmer zu folgen.

Als sich alle gesetzt hatten und Emma Tee, Kaffee und Kekse gebracht hatte, ergriff Frau Keller das Wort.

„Ihr seid also die beiden Neuen. Schön. Freut mich, euch kennen zu lernen."

Die beiden Neuen? Wie meinte sie denn das? Lindsay dreht sich zu ihrem Bruder um und sah ihn verwundert an.

„Ich werde euch in den nächsten Wochen unterrichten. Ich hoffe, in eurer bisherigen Klasse seid ihr gut mitgekommen. Ich werde im Stoff fortfahren."

„Bisher waren wir sehr gut in der Schule, es gab keine Probleme, Frau Keller.", begann Vince.

„Das will ich auch hoffen, ich bin nämlich nicht gewillt, faulen oder gar dummen Kindern das Lernen beizubringen."

Das war alles. Mehr wurde nicht gesprochen an diesem Nachmittag. Zumindest nicht mit Lindsay und Vince. Eine Weile unterhielten sich die Brunners noch mit der Lehrerin. Vince und seine Schwester lauschten der Unterhaltung, damit rechnend, dass sie wieder ins Gespräch einbezogen würden. Aber nichts dergleichen geschah.

Die Erwachsenen hatten sich in ein Gespräch über einen gemeinsam verbrachten Urlaub vertieft und von den Kindern nahm keiner mehr Notiz.

Plötzlich wurden die beiden von Mike laut angesprochen, so dass sie unwillkürlich zusammenzuckten.

„Was macht ihr noch hier? Verschwindet auf eure Zimmer oder meinetwegen in den Garten!"

Wieder schauten sich die Zwillinge verwirrt an, standen aber schnell auf und verabschiedeten sich kurz von Frau Keller. Sie gab ihnen noch Bescheid, dass sie am nächsten Tag pünktlich um acht Uhr zum Unterricht im Salon zu erscheinen hatten.

Weil es draußen wunderbares Wetter war, die Sonne herrlich schien und es aussah, als wäre das ganze Anwesen in helles Licht getaucht, beschlossen die Geschwister, in den Garten zu gehen.

„Vince, meinst du, Mama und Papa wären mit uns auch so merkwürdig umgegangen? Ist das normal in einer Familie? Ich dachte immer, dass man seine Kinder in den Arm nimmt, sie liebevoll tröstet, wenn es einem etwa nicht gut geht und vor allem mit ihnen redet. Aber hier ist alles anders. Ich habe noch immer so ein komisches Gefühl, Vince, ich kann es nicht beschreiben."

Gedankenverloren und ohne eine Antwort von Vince zu erwarten, schaukelte sie vor sich hin.

Vince hätte auch gar nicht gewusst, was er hätte antworten sollte. In ein paar Wochen würde Frau Welker aus dem Kinderheim in Begleitung des Jugendamtes hierher kommen, um zu sehen, wie es den Kindern ginge.

Vielleicht sollten sie ihnen sagen, dass ihnen einige Sachen seltsam vorkamen, ihre Bedenken äußern, was die Brunners als „liebevolle Eltern" anging. Vielleicht sollten sie aber auch abwarten, wie der Unterricht mit Frau Keller lief. Vielleicht…

10

„Mhm…ist das lecker!", schwärmte Debbie, als sie ein Stück von dem köstlichen Hühnchen in den Mund schob.

„Und den Salat haben wir ganz allein gemacht Mama!", sagte Dana stolz, als sie ebenfalls herzhaft in ein Stück Fleisch biss. „Das habt ihr toll gemacht, ich bin so stolz auf euch!" Lächelnd schaute Debbie ihre beiden Mädchen an.

„Und auf dich!" Debbie drehte sich zu Vince um und küsste ihn zärtlich.

„Mama, morgen gehen wir mit Papa in den Zoo, ich bin schon ganz aufgeregt!", meldete sich Ellen.

Debbie strich ihrer Tochter liebevoll über die Wange.

„Darf ich mitkommen?"

Jetzt war es an Vince, Debbie verblüfft anzuschauen.

„Aber du musst doch zur Arbeit?"

Grinsend schüttelte seine Frau den Kopf.

„Nein, ich habe morgen schon frei. Mr Smith hat mir einen Tag geschenkt. Ich soll dich schön von ihm grüßen. Kendra ist ab morgen wieder da und kann die Arbeit übernehmen. Unser Urlaub kann also beginnen!"

Freudestrahlend umarmten die Kinder ihre Mutter.

Es war die schönste Zeit, wenn sie alle zusammen waren, ohne auf irgendwelche Verpflichtungen zu achten. Einfach zusammen sein, etwas miteinander unternehmen, das Leben genießen. Debbie war in diesem Moment so unglaublich glücklich.

Den kommenden Tag verbrachten die vier im Zoo. Die Kinder waren ganz aus dem Häuschen, zerrten ihre Eltern von hier nach da, beschrieben und fragten nach allem, was sie wissen wollten. Obwohl sie stundenlang in dem weiträumigen Gelände herumliefen, um wirklich alles bestaunen zu können, wurden die Mädchen scheinbar nicht müde.

Endlich ließen sie sich dazu überreden, ein Eis zu essen und sich im angrenzenden Park ein wenig auszuruhen. Zufrieden und entspannt ließ sich Vince nieder und zog Debbie an sich.

Eine Weile saßen sie schweigend nebeneinander, die Kinder beobachtend, die ohne Unterlass über das Junge der Elefantendame redeten.

Plötzlich sagte Vince: „Sie fehlt mir noch immer so sehr."

Erschrocken blickte Debbie auf.

„Es tut mir Leid, Schatz, ich weiß nicht, warum ich gerade jetzt wieder an Lindsay denken muss. Vielleicht deshalb, weil ich mit ihr so etwas wie mit unserer Familie nie erleben durfte. Ich wünschte, sie wäre hier."

Debbie strich ihrem Mann zärtlich über das Gesicht. Nur zu gut wusste sie, wie unverhofft Vince von seinen traurigen Erinnerungen an seine geliebte Schwester übermannt wurde.

„Bestimmt wäre sie glücklich, ganz bestimmt."

Abwesend nickte Vince. Er hatte sich eigentlich fest vorgenommen, nicht zurückzudenken, besonders nicht jetzt, da er nur Zeit mit seinen Lieben verbringen wollte. Aber vielleicht war gerade das der Auslöser für seine Erinnerung, jetzt, da er keine Ablenkung hatte, sondern entspannt und glücklich seine Zeit genoss...und Lindsay war das alles verwehrt geblieben....

11

Bewaffnet mit Stiften und Papier machten sich die Zwillinge auf den Weg nach unten. Gleich würde ihre erste Unterrichtsstunde bei Frau Keller beginnen. Die Kinder hatten überhaupt keine Vorstellung davon, wie der Unterricht ablaufen würde. Bisher kannten sie nur die normale Grundschule, in die alle Heimkinder gingen. Und sie hatten sich dort sehr wohl gefühlt. Sie hatten Freunde, die sie zurücklassen mussten. Wie es jetzt werden würde, allein zu lernen, Privatunterricht zu bekommen, wussten sie nicht.

Frau Keller erwartete sie bereits. Mit einem strengen Blick auf die Uhr nickte sie zustimmend. Das sollte wohl bedeuten, dass sie sich nicht verspätete hatten und sie damit zufrieden war.

Wortlos wies sie die Kinder an, am großen Tisch Platz zu nehmen.

„So, damit ich weiß, wie weit ihr in dieser staatlichen Schule mit dem Lernstoff gekommen seid, erklärst du, Vince, mir erst einmal, was ihr im Fach Mathematik schon alles gelernt habt."

Nickend stand Vince wieder auf.

„Guten Morgen, Frau Keller! Soweit ich mich erinnern kann, haben wir das letzte Jahr die schriftliche Multiplikation und Division durchgenommen."

Ein freundlicher Junge, dachte Frau Keller.

„Und die Mengenangaben, Vince!", platzte Lindsay dazwischen.

Noch ehe Vince antworten konnte, unterbrach ihn Frau Keller.

„Was fällt dir ein, Mädchen, einfach dazwischenzureden, wenn ich deinen Bruder etwas frage?"

Böse funkelnd blickte sie Lindsay an.

Das Kind war völlig eingeschüchtert. Mit großen Augen starrte sie die Lehrerin an, nicht in der Lage, etwas zu antworten. Aber das durfte sie auch sicher nicht. Erst als Vince vorsichtig seine Hand auf die seiner Schwester legte, beruhigte sie sich ein wenig. „ Rede weiter, Junge!"

Jetzt schweifte der wütende Blick der Lehrerin zu Vince. Er erklärte ihr noch einige Dinge, die sie in der Schule durchgenommen hatten.

Lindsay ließ die Augen sinken. Sie war nicht in der Lage, irgendwie anders zu reagieren. Bisher hatte sie noch nie jemand so angeschrien und bisher war sie auch noch nie negativ bei den Lehrern aufgefallen. Sicher, sie hatte dazwischengeredet, aber das war doch wohl nicht so schlimm. Oder doch? Lindsay konnte diese Frau nicht einschätzen und sie mochte sie nicht. Sie konnte nur hoffen, dass sie in Zukunft mit ihr zurecht kam.

Dieser Unterrichtstag verging so wie die folgenden. Frau Keller war äußerst streng, beurteilte die Arbeiten der Kinder stets als miserabel und schien nie zufrieden zu sein. Es dauerte nicht allzu lange, bis die Zwillinge aufgaben, sich zu bemühen, denn egal, wie sehr sie sich auch anstrengten, sie konnten es dieser Frau nicht recht machen.

„Weißt du, Vince, ich möchte gerne etwas mehr lernen, aber es macht mir so gar keinen Spaß mehr. Vielleicht sollten wir uns noch ein bisschen mehr anstrengen. Oder wir könnten in Büchern nachschauen. Dann hätten wir einen kleinen Wissensvorsprung und könnten Frau Keller doch noch überraschen. Was meinst du?"

Seine Schwester, immer versuchen, jedem zu ge-
fallen, ja, so war sie, dachte Vince. Aber ob das
diesmal klappen würde, bezweifelte er wirklich.
Er hatte das Gefühl, hier nicht hinzugehören und
Lindsay erst recht nicht. Sie bekamen nie ein Lob
von Frau Keller, obwohl ihre Arbeiten bestimmt
nicht schlechter waren als die anderer Kinder in
ihrem Alter. Zumal sie sonst in der Schule sehr
gute Noten gehabt und zu den Klassenbesten ge-
hört hatten. Traurig dachte Vince an die Zeit im
Kinderheim zurück. Eigentlich war es ja doch
perfekt für sie gewesen, auch wenn sich Lindsay
und er nach einer richtigen Familie gesehnt hat-
ten. Doch jetzt hatten sie sie und wie gesagt auch
alles und mehr, was sich ein Kind je erträumte,
und doch waren sie unglücklicher, als je zuvor.
Vince hatte schon des Öfteren mit dem Gedanken
gespielt auszureißen. Wenn da nicht Emma wäre,
ihre Emma, die ihnen mehr Familie war, als es
die Brunners je sein würden.

„Wenn du möchtest, schauen wir mal nach. Ich
habe ja viele Bücher im Zimmer. "

Lindsay ging mit ihrem Bruder an den großen
Schreibtisch in dessen Zimmer. Es war heute so-
wieso kein Tag, den man draußen verbringen
konnte, da es schon den ganzen Tag ununterbro-
chen regnete. Also konnten sie genauso gut auch
ein wenig lernen.

Während Vince gerade in einem Lexikon blätterte, setzte sich Lindsay auf die Fensterbank und schaute den unzähligen Regentropfen zu, die unablässig herunterfielen und die Einfahrt zum Haus langsam in einen kleinen Fluss verwandelten. Lindsays Gedanken malten ein Bild von einem wunderschönen Regenbogen, der entstand, als die Sonne hervorkam. Die Farben spiegelten sich im Wasser des kleinen Flusses und sie stellte sich vor, wie sie mit Vince im nachlassenden Regen tanzte, nicht nur mit ihm, mit all ihren Freunden aus dem Heim. Sie genossen den Regen, die Pracht der leuchtenden Farben und die Sonne, die nur für sie schien. In ihrer Vorstellung hatte dieser Ort des Glücks nichts mit dem trostlosen Anblick der überfluteten Einfahrt ihres neuen Zuhauses zu tun.

Noch immer ihren Gedanken nachhängend, bemerkte sie nicht, dass Vince sie rief. Lindsay baumelte mit den Beinen, stieß dabei immer wieder leicht gegen den Heizkörper unter der Fensterbank, bis sie erschrocken aufblickte.

„Ja? Hast du etwas gesagt, Vince?"

Ihr Bruder schüttelte nur ungläubig den Kopf.

„Ich habe dich dreimal gerufen, wo warst du denn mit den Gedanken?"

„Oh, entschuldige, ich habe dich gar nicht gehört. Hast du schon etwas gefunden?"

„Du nun wieder, du Träumsuse! Ja, habe ich, womit möchtest du denn anfangen? Ich habe hier noch ein Lehrbuch für Deutsch oder Englisch?"

Als Lindsay aufstand, um zu ihm zu gehen, fiel Vince ein Papierstück auf, das auf dem Boden lag.

„ Li, du hast was fallen lassen.", sagte er und deutete auf den Zettel am Boden.

Verwundert schaute Lindsay nach unten.

„Aber ich hatte doch gar keinen Zettel in den Händen. Der muss dir gehören. Ist ja schließlich dein Zimmer."

Aber sie hob den Schnipsel auf und grinste Vince an.

„Lass uns mit Englisch anfangen. Das haben wir bisher bei Frau Keller noch gar nicht oft gemacht."

Lindsay ging zu ihrem Bruder, legte den Zettel auf den Tisch und schaute neugierig in den Computer. Gemeinsam suchten sie sich ein paar der Lektionen aus und setzten sich zusammen auf das große Bett, um zu lernen.

Es waren fast zwei Stunden vergangen, als es an der Tür klopfte.

„Herein!", riefen die Zwillinge wie aus einem Mund.

Es war Emma. Zufrieden bemerkte sie, dass sich die Kinder mit ihren Schulsachen beschäftigten.

„Ich dachte, ich mache Lindsay vor dem Essen noch die Haare. Was meinst du, Süße?"

„Gerne!", sagte Lindsay. „Du brauchst das ja nicht.", neckte sie ihren Bruder und fuhr ihm durch das kurze Haare. Als sie aufstand, ging er ihr hinterher, um sie liebevoll zu kneifen.

„Weiberkram", murrte er nur und wandte sich wieder seinen Lektionen zu.

Aber so rechte Lust hatte er nicht mehr, allein weiterzulernen. So klappte er sein Buch zu und setzte sich wieder an den Schreibtisch.

Der Zettel, den Li auf den Tisch gelegt hatte, fiel ihm dabei wieder ins Auge.

Als er ihn nahm und auseinander falten wollte, bemerkte Vince, dass es ein ziemlich altes Stück Papier sein musste. Es zerfiel fast in Vince´ Händen in einzelne Stücke. Beim näheren Betrachten konnte er einige Buchstaben erkennen:

„ Si o M le"

Sonst war nicht mehr viel zu lesen. Nur blau verwaschene Rückstände ließen darauf schließen, dass noch mehr auf dem Stück Papier gestanden haben musste.

Seltsam, dachte er. Ihm gehörte dieser Zettel ganz bestimmt nicht. Also, wo kam er plötzlich her?

Hatte ihn jemand verloren? Lindsay vielleicht? Aber sie hatte ja auch gesagt, dass es nicht ihr Zettel war. Bei ihrer Ankunft in diesem Haus hatten die Brunners erwähnt, dass sie das Haus erst vor kurzem renoviert hätten. Wo kam dann so ein offensichtlich altes Stück Papier her? Emma? Hatte sie es verloren?

Vince untersuchte das Stück genauer. Er kannte sich zwar nicht so gut aus, aber es sah danach aus, als würde an dem Zettel noch etwas haften. Kleber? Putz vielleicht?

Aber diese Buchstaben verwirrten Vince besonders. Die Schrift sah seiner eigenen sehr ähnlich. Etwas krakelig, unsauber: Si o M le . Merkwürdig.

Früher, in der Schule, hatte es an einigen Tagen die Möglichkeit gegeben, den Nachmittag mit Knobelaufgaben zu verbringen. Das hatten er und Lindsay oft gemacht, wenn das Wetter schlecht war. Sie hatten dabei immer eine Menge Spaß, und obwohl er insgeheim zugeben musste, dass Li immer etwas besser in diesen Dingen war, wollte er dieses Rätsel allein lösen.

Vertieft in das Betrachten der Buchstaben saß Vince auf seinem Stuhl am Schreibtisch und bemerkte nicht, dass Emma und Lindsay wieder ins Zimmer gekommen waren.

„Schau mal, Vi, was Emma mit meinen Haaren gemacht hat! Sie hat mir sogar neue Spangen gekauft!"

Erschrocken drehte sich Vince zu seiner Schwester um.

„Sieht es nicht wunderschön aus?"

Lindsay drehte sich im Kreis, damit Vince sie von allen Seiten bestaunen konnte. Sie sah ihrer Mutter wirklich immer ähnlicher, dachte er. Dieselben langen dunklen Haare, Lindsays Lächeln und ihre Augen brachten Vince jedes Mal, wenn er sie ansah, in seinen Erinnerungen zurück zu ihrer gemeinsamen Mutter.

„Du siehst echt toll aus, wie eine Prinzessin!", sagte er schmunzelnd und er meinte es wirklich so.

Er fühlte so eine tiefe Liebe zu seiner Schwester und er schwor sich ein ums andere Mal, dass er nie zulassen würde, dass sie getrennt wurden oder Lindsay etwas zustoßen könnte. Sie hatten nur noch sich auf dieser Welt und er würde sie beide beschützen. Jetzt als kleiner Junge und erst recht, wenn er ein Mann wäre...ein Mann wie sein Vater!

„Was machst du eigentlich? Suchst du immernoch nach Lernmaterial?"

Eilig ließ Vince den Zettel in der Schublade des Schreibtisches verschwinden.

„Ja, ich habe noch ein wenig in den Büchern gesucht und noch viele Sachen gefunden, die wir üben können. Aber jetzt sollten wir uns anziehen, damit wir nicht zu spät zu unserem gemeinsamen Abendessen mit unseren neuen Eltern kommen."

Bei diesen Worten malte er mit den Händen Anführungszeichen in die Luft.

Lindsay musste grinsen, wurde sich aber gleich bewusst, dass Emma noch immer hinter ihr stand.

„Bitte entschuldige Vince, er hat es nicht so gemeint."

Bedrückt ließ sie den Blick zu Boden gleiten und dann zu ihrem Bruder.

Als Vince Emma ansah, konnte er ein Schmunzeln sehen. Das machte ihn mutig.

„Doch, genauso habe ich es gemeint! Die beiden sind keine richtigen Eltern!", sagte er etwas leiser. Die Brunners sollten ihn ja nicht hören.

„Wir sehen sie ja nicht mal, nur beim Essen. Und da reden sie auch nicht mit uns, sondern schimpfen nur, wenn wir etwas falsch gemacht haben."

So, jetzt hatte er sich wenigstens ein bisschen Luft gemacht, obwohl er nicht wusste, wie Emma das auffassen würde. Aber es war ihm im Moment auch egal.

Emma starrte die Kinder noch immer an. Vince war ein kluger und mutiger Junge, das gefiel ihr. Er traute sich, seine Meinung zu sagen, auch wenn er nicht sicher war, ob es etwas nützen würde. Emma konnte nur hoffen, dass gerade diese Eigenschaft von Vince ihm und seiner Schwester nicht zum Verhängnis wurde.

Emma lächelte die Kinder an.

,,Wisst ihr, Mike und Nancy sind viel beschäftigt, deshalb bin ich ja da, auf euch zu achten. So und nun los, umziehen und ab zum Essen!", sagte Emma und verließ das Zimmer.

Die Kinder zogen sich wortlos um, keiner der beiden erwähnte den Vorfall von eben noch einmal. Die Stimmung war etwas gedrückt, aber das war sie immer, wenn sie mit Mike und Nancy zusammentrafen.

12

Das Meer an der kalifornischen Küste sah einfach atemberaubend aus. Vince tobte mit den Mädchen am Stand, warf Bälle mit ihnen und die drei liefen ab und an ins Wasser, um sich abzukühlen. Im letzten Sommer hatte auch Dana schwimmen gelernt. Debbie musste sich also keine Sorgen machen und konnte sich entspannt auf die Decke zurücklegen. Sie hatte sich ein Buch mitgebracht, welches sie zu lesen vorhatte. Aber bisher war sie kaum dazu gekommen. Sie waren seit vier Tagen hier im traumhaften Malibu und hatten bisher schon so viel gemeinsam unternommen, dass Debbie gar nicht dazu gekommen war zu lesen.

Sie setzte sich auf, und als sie das Buch aufschlug, schoss ihr ein Gedanke durch den Kopf. Robert Blake!

Sie hatte sich gar nicht mehr bei ihm gemeldet, weil sie ja einen Tag eher in den Urlaub gegangen war. Und Kendra hatte sie auch nicht darüber informiert. Und wo waren eigentlich die Unterlagen, die er ihr gegeben hatte? Mit Erschrecken fiel ihr ein, dass sie das Manuskript von Miranda Blake unbeachtet auf ihrem Tisch hatte liegen lassen. Sie hatte noch nicht einmal hineingeschaut, um sich wenigstens ein Urteil darüber zu bilden. Die Umstände, Miranda Blake selbst und auch ihr Mann waren zwar äußerst merkwürdig und Debbie sehr suspekt, aber das hieß ja nicht, dass das Buch nicht interessant für den Verlag sein könnte.

Debbie würde nichts anderes übrig bleiben, als sich erst nach ihrem Urlaub darum zu kümmern, denn diese Aufgabe konnte sie Kendra nicht auch noch überlassen. Vielmehr wäre es auch zu umständlich, ihr alles am Telefon zu erklären.

Plötzlich spürte Debbie nur noch einen kleinen kalten und nassen Körper auf sich. Dana hatte sich angeschlichen und sich auf sie geworfen. Laut lachend benetzte sie Debbie mit dem kühlen Nass. Dafür kitzelte die ihre kleine Tochter, so dass sie irgendwann von ihr abließ.

„Komm mit ins Wasser, Mami! Es ist so toll!" Das ließ sich Debbie natürlich nicht zweimal sagen und rannte Dana hinterher. Ellen und Vince folgten den beiden und warfen sich ebenfalls in die Fluten. Vince nahm seine Frau in die Arme, sah ihr verliebt, wie am ersten Tag in die Augen und küsste sie leidenschaftlich.

„Lass uns einfach für immer hier bleiben. Es ist so wunderbar, alles hinter sich zu lassen und das Leben nur mit euch zu genießen.", hauchte Vince Debbie ins Ohr. Debbie verstand ihren Mann so gut.

„Das wäre wunderbar, aber ich glaube, Mr Smith und deine Partner in der Kanzlei hätten etwas dagegen.", zwinkerte sie Vince zu.

Sie konnte nur zu gut nachvollziehen, dass die nächsten Wochen für Vince hart werden würden. Sein Geburtstag stand wieder vor der Tür und das war für Vince ein immer wiederkehrender Albtraum.

In diesem Jahr wurden es 30 Jahre, seit er Lindsay das letzte Mal gesehen hatte. Ihr gemeinsamer Geburtstag war auch ihr Todestag und Vince würde sein Leben lang diesen Tag als den schrecklichsten seines bisherigen Lebens in Erinnerung behalten.

Doch hatte er Debbie dieses Jahr versprochen, wenigsten im kleinen Kreis zu feiern, seine Freunde und Kollegen zu einem Essen in sein Haus einzuladen. An seinem 40. Geburtstag im letzten Jahr war die Situation für ihn so bedrückend gewesen, dass er kurzfristig die Party verlassen. Er war stundenlang unterwegs, irrte sinnlos umher, weinte, war wütend, verängstigt wie damals in seiner Behausung. Er war plötzlich wieder der kleine Junge, der miterleben musste, wie seine Schwester leblos weggezerrt wurde, obwohl es doch ein schöner Tag hätte sein sollen, ihr 11. Geburtstag. Vince hoffte inständig, dass ihn die Dämonen der Vergangenheit diesmal nicht zu fassen bekamen…

13

Das Abendessen verlief wie immer. Keiner sagte ein Wort, die Kinder verließen den Tisch und gingen zurück in ihre Zimmer.

Als sie wieder gemeinsam auf Vince' Bett saßen, fragte Lindsay:

,,Vince, Emma sagt, Mike und Nancy sind zu sehr beschäftigt, um sich um uns zu kümmern, aber womit? Was machen die beiden? Wo arbeiten sie?"

Nachdenklich schaute Vince seine Schwester an.

,,Ich weiß es nicht, ich habe sie nie bei irgendeiner Arbeit gesehen, weder im Haus noch draußen. Vielleicht haben sie hier im Haus ein Büro. Hinten in dem Teil des Hauses, den wir nicht betreten dürfen, der immer abgeschlossen ist."

,,Was? Woher weißt du das?", fragt Lindsay erstaunt.

Vince druckste ein bisschen herum.

,,Na ja, als du Emma mal in der Küche geholfen hast, habe ich mich heimlich in den hinteren Bereich geschlichen und wollte nachschauen, was sich dort noch befindet. Ich habe Stimmen aus dem Zimmer gehört. Die von Nancy und andere,

die ich nicht kannte. Aber die Tür war verschlossen, alle anderen Türen auch."

Lindsay konnte gar nicht glauben, was sie da hörte.

„Vince, bist du verrückt? Wenn sie dich nun bemerkt hätten?!"

Vince zuckte nur mit den Schultern. In dem Moment wäre es ihm egal gewesen, so wie jetzt auch.

„Was hätte mir denn passieren sollen? Noch mehr Standpauken? Da hätten sie diesmal sogar einen Grund gehabt!", knurrte Vince.

„Ich bin mir immer sicherer, dass wir Frau Welker erzählen sollten, was uns hier merkwürdig vorkommt, Li."

Vince hatte wahrscheinlich Recht. Sie waren seit über drei Wochen in diesem Haus und hatten die Pflegeeltern nicht außerhalb der Essenszeiten zu Gesicht bekommen, geschweige denn, mit ihnen etwas unternommen. Das ungute Verhältnis zu Frau Keller sollten sie auch erwähnen, denn kaum einer wusste besser über die schulischen Leistungen der Zwillinge Bescheid als Frau Welker aus dem Kinderheim. Nächste Woche war es endlich soweit. Frau Welker würde vorbeikommen und ihnen vielleicht helfen können. Zurück ins Heim wollten sie eigentlich nicht, aber bei den Brunners waren sie im Moment auch nicht sonderlich glücklich. Manchmal dachte Lindsay da-

rüber nach, dass sie beide vielleicht nicht allzu große Erwartungen haben sollten, sondern vielmehr dankbar dafür sein sollten, hier wohnen zu dürfen.

Noch bevor Lindsay Vince ihre Gedanken mitteilen konnte, drehte er sich zu ihr um und sagte:

„Ich habe noch etwas Merkwürdiges entdeckt, Li. Ich wollte es dir eigentlich gar nicht erzählen, aber du könntest mir helfen..."

„Vince, sag schon, was ist los?"

Vince nahm seine Schwester an die Hand.

„Erinnerst du dich an den Zettel, den du vorhin aufgehoben hast?"

Nachdem Lindsay kurz nachgedacht hatte, fiel es ihr wieder ein. Der Schnipsel, der auf dem Boden gelegen hatte, sie hatte ihn auf den Schreibtisch gelegt. Lindsay nickte erwartungsvoll.

„Ich hab ihn mir vorhin angeschaut, weil ich ihn eigentlich wegwerfen wollte. Schau mal, darauf sind verwischte Buchstaben, einige kann man erkennen."

Vince faltete vorsichtig das Blatt Papier auseinander und gab es Lindsay.

„Si o M le ", las Lindsay vor. „Was soll das heißen?"

„Ich habe keine Ahnung, aber vielleicht bekommen wir es raus. Fällt dir auf, dass das Papier schon ziemlich porös ist?"

Lindsay sah genauer hin und nickte.

„Aber haben die Brunners nicht gesagt, sie wären erst eingezogen und hätten neu renoviert?"

„Eben.", gab Vince zurück.

Das war ja wirklich seltsam. Was konnte das denn bedeuten?

„Wir könnten Emma morgen danach fragen, was meinst du, Vi?"

„Das ist eine gute Idee, sie ist bestimmt die Einzige, die uns weiterhelfen würde."

Langsam wurde Lindsay richtig neugierig.

„Wir entdecken bestimmt ein Geheimnis oder so.", kicherte sie, als sie den Zettel an Vince zurückgab.

„Schade nur, dass wir außer diesen Buchstaben nichts weiter entziffern können."

„Bestimmt kann Emma etwas damit anfangen.", sagte Lindsay

„Komm, lass uns schlafen, wir haben morgen wieder lange Unterricht."

Doch an Schlafen war bei Vince nicht zu denken. Während Lindsay selig neben ihm schlief, an ihn gekuschelt und zusammengerollt wie ein kleiner

Ball, ging Vince die Sache mit diesem Papier nicht mehr aus dem Kopf. Wo kam es auf einmal her? Er hielt sich jetzt fast drei Wochen in diesem Zimmer auf, aber vorher war dieser komische Zettel nicht da gewesen. Als er so darüber nachdachte, kam ihm der Gedanke, dass der Schnipsel ganz sicher noch nicht an der Stelle gelegen hatte, wo ihn Lindsay später aufgehoben hatte, er hätte ihn sonst längst gesehen.

Aber es könnte sein, dass er irgendwie hinter der Fensterbank geklemmt hatte und heruntergefallen war, weil Li die ganze Zeit leicht mit den Füßen dagegen gestoßen hatte.

Hm...das wäre eine Möglichkeit...

Als die Kinder am folgenden Tag eine Lernpause hatten, baten sie Emma kurz auf ihr Zimmer.

,,Was kann ich euch Gutes tun, ihr Lieben? Wie ist das Lernen heute gelaufen?", fragte Emma, als sie hereinkam.

Lindsay war fast den Tränen nahe, als Emma den Unterricht ansprach.

,,Was ist los, Mädchen?"

,,Ach, es ist nicht gut gelaufen.", antwortete Vince ihr knapp.

,,Wir haben gestern so viel gelernt und wollten Frau Keller heute damit beeindrucken, aber sie

76

hat nur wieder geschimpft und gesagt, wir müss-
ten noch viel mehr lernen und wären einfach
nicht gut genug."

Traurig ließ Lindsay den Kopf hängen.

„Mach dir nichts daraus, wir schaffen das
schon.", beruhigte Vince seine Schwester.

Auch Emma nahm Lindsay jetzt in den Arm und
tröstete sie.

„Das ist alles halb so schlimm. Weißt du, man-
chen Leuten kann man es einfach nicht recht ma-
chen, Kleines, es wird schon werden."

Nachdem Emma Lindsay eine Weile hin und her
gewiegt hatte, stand sie auf.

„So, Kinder, ich habe noch zu tun. Macht es euch
nicht so schwer, ja?"

„Emma, bitte warte noch, wir wollten dich noch
etwas fragen.", warf Vince ein, als Emma bereits
an der Tür stand.

„Ja?", sagte Emma.

„Kannst du uns sagen, was Mike und Nancy ei-
gentlich beruflich machen? Womit verdienen sie
denn ihr Geld?"

Offensichtlich starrte Emma Vince an, ohne zu
antworten, denn Vince fragte: „Emma, ist alles in
Ordnung?"

„Ja, ja, alles bestens. Ich war nur kurz in Gedanken, entschuldigt. Was die beiden arbeiten? Tja, also, Nancy malt Bilder und macht Ausstellungen und Mike ist Teilhaber einer großen Firma. So, nun muss ich aber los."

Lindsay stupste Vince auffordernd an, aber er winkte nur ab.

Als Emma zur Tür hinaus war, meinte er: „ Lass gut sein, Li, es war nicht der richtige Moment, Emma nach diesem Zettel zu fragen. Irgendwie hat sie schon merkwürdig auf die Frage nach den Berufen der Brunners reagiert."

Auch Lindsay war Emmas Reaktion aufgefallen, sie wurde das Gefühl nicht los, dass Emma etwas auf dem Herzen hatte.

„Vince, ich glaube, irgendetwas stimmt hier nicht. Manchmal kommt es mir so vor, als wäre Emma nicht gerne hier. Sie mag die Brunners bestimmt genauso wenig wie wir, meinst du nicht auch?"

„Hm, das kann sein, Li, aber wir sollten doch dankbar sein, in diesem Palast leben zu dürfen."

Um seine Schwester auf andere Gedanken zu bringen, wies er sie lächelnd darauf hin, dass bald Frau Welker kommen würde, um sie zu besuchen. Beide waren neugierig, was es alles Neues in ihrem Kinderheim gab. So verbrachten die Zwillinge eine kurze Weile damit, in Erinnerun-

gen an ihr ehemaliges Zuhause zu schwelgen. Sie lachten über Dinge, die sie erlebt und getan hatten, über ihre Freunde und über Frau Welker, die zwar oft geschimpft hatte, aber nie richtig böse auf die Kinder sein konnte. Sie war allen ans Herz gewachsen und vor allem Vince konnte sie jedes Mal, wenn irgendjemand etwas ausgefressen hatte, so schnell davon überzeugen, dass es gar nicht so schlimm war, dass Frau Welker ganz schnell vergessen hatte, überhaupt schimpfen zu wollen.

Ein schriller Ruf aus dem Erdgeschoss riss die Kinder aus ihren Erinnerungen.

„Frau Keller, oh Gott! Das gibt Ärger!", sagte Lindsay leise. Die beiden hatten ihre Lernpause um einiges überzogen...

14

„Ach, Schatz, es war ein so wunderschöner Urlaub. Wir sollten wirklich viel öfter mal wegfahren und für ein paar Tage alles hinter uns lassen." Liebevoll nahm Debbie Vince´ Hand, als sie sich auf den Heimweg begaben.

„Ja, Daddy, wir könnten jedes Wochenende verreisen oder auch in der Woche. Urlaub ist viel schöner als Schule!", rief Dana und hüpfte dabei um ihre Eltern und Ellen herum.

Vince nahm seine Kleine kurz hoch und wirbelte sie durch die Luft.

„Du hast Recht, kleine Lady, wir sollten so etwas wirklich öfter machen."

„Versprichst du es?", quengelte Dana.

„Bitte, bitte!"

Vince setzte Dana ab und wuschelte ihr die Haare.

„Natürlich, mein Schatz, ich verspreche es!"

Es lagen noch sechs Tage vor ihnen, bis Vince' Geburtstagsfeier anstand. Vince ging wieder zur Arbeit und war so in einen neuen Fall involviert, dass er gar nicht dazu kam, über das anstehende Ereignis nachzudenken. Auch Debbie war wieder in der Redaktion und bemühte sich, die liegen gebliebenen Dinge aufzuarbeiten.

Kendra steckte vorsichtig den Kopf herein.

„Debbie? Ich muss kurz mit dir reden."

Debbie sah auf und nickte Kendra freundlich zu.

„Ich habe hier etwas für dich. Als du im Urlaub warst, habe ich diese Unterlagen hier von deinem Schreibtisch genommen und vergessen, sie wieder zurückzulegen. Es tut mir Leid, ich hoffe, es war nicht zu wichtig?"

Kendra reichte Debbie die Schriftstücke.

„Oh, das ist das Manuskript von Mr Blake oder besser gesagt, das seiner Frau. Ich hatte es ja völlig vergessen! Danke, Kendra, ich kümmere mich darum."

Überrascht, nicht mehr selbst daran gedacht zu haben, öffnete Debbie den Ordner. Auf den ersten Blick sah alles so aus, wie eines der üblichen, zur Prüfung eingereichten Manuskripte, doch je intensiver sich Debbie mit dem Schriftstück befasste, umso mehr weckte es ihr Interesse. Erst als sie von Kendra über die Gegensprechanlage an ihren Termin erinnert wurde, merkte sie, dass sie sich über eine Stunde mit Miranda Blakes Buch befasst hatte. Ja, es war ein Buch über die Lebensgeschichte der jungen Frau und Debbie war so beeindruckt von ihrer Art zu schreiben, aber vor allem davon, was diese Frau beschrieb. Mit der leisen Hoffnung, dass die wenigen Kapitel, die sie bisher gelesen hatte, vielleicht doch nur Mirandas Fantasie entsprungen waren, begab sich Debbie in den Konferenzraum zur Besprechung.

Als Debbie von Mr Smith gebeten wurde, die Ausgabe der Zeitschrift für die kommende Woche vorzustellen, begann sie, ihre Ideen und Vorstellungen auszuführen. Doch inmitten ihrer eigenen Ausführungen unterbrach sie ihren Vortrag:

„Mr Smith, liebe Kollegen, ich habe heute Vormittag ein Projekt in die Hände bekommen, welches ich unbedingt unterbringen möchte. Ich habe mich noch nicht so weit eingelesen, dass ich es Ihnen vorstellen könnte, aber ich möchte Sie bitten, dies in den nächsten Tagen tun zu können."

Debbie schilderte kurz, worum es ging und bemühte sich, ihrem eigenen Interesse am Manuskript von Miranda Blake Ausdruck zu verleihen.

„Ich denke wirklich, dass es sich hier um eine Geschichte handelt, die eine große Leserschaft anziehen wird. Die wenigen Kapitel haben mich bereits so fasziniert, dass ich mir sicher bin, dass wir dieses Buch vorstellen sollten."

Vor allem für Miranda, dachte Debbie. Sie konnte sich des Gefühls nicht erwehren, dass es ebenso wichtig für Miranda war, ihre Geschichte zu erzählen, um sie zu verarbeiten, wie für Debbie, sie zu erfahren.

Die nächsten Stunden verbrachte Debbie damit, die Unterlagen durchzuarbeiten. Entschlossen griff sie zum Telefon und wählte die Nummer von Mr Blake.

„Blake", meldete sich eine weibliche Stimme.

„Mrs Blake, hier ist Debbie Walthers von der Times, spreche ich mit Miranda Blake?"

„ Ja, aber bitte warten Sie, ich gebe Ihnen meinen Mann."

„Bitte, nein, ich möchte gerne mit Ihnen persönlich reden."

Aber schon im nächsten Moment meldete sich die tiefe Stimme Mr Blakes.

„Hallo, Mrs Walthers, schön von Ihnen zu hören. Wie kann ich Ihnen helfen?"

„Mr Blake, ich melde mich wegen des Manuskriptes Ihrer Frau. Ich hatte erst jetzt Gelegenheit, es durchzusehen und würde gerne einen Termin mit Ihrer Frau vereinbaren."

„Gerne, wenn Sie auch mit mir vorlieb nehmen, ist das kein Problem, ich sagte Ihnen ja bereits, dass meine Frau ungern in der Öffentlichkeit steht."

„Ja, das habe ich bemerkt. Dennoch wäre es wichtig, sie persönlich kennen zu lernen. Für ihr Buch und für uns wäre das ein gehöriger Vorteil."

„Mrs Walthers, wenn Sie das Manuskript gelesen haben, kennen Sie meine Frau bereits besser als jeder andere sonst. Lassen Sie uns darüber reden."

Resigniert vereinbarte sie mit Robert Blake einen Termin am nächsten Tag. Sie würde schon noch dahinter kommen, was an der Sache so mysteriös war. Eigentlich wunderte sie sich nicht wirklich über das Verhalten von Miranda. Sie musste eine psychisch stark angegriffene Frau sein, nach allem, was Debbie bisher über sie gelesen hatte. Noch immer hoffte sie, dass es sich bei dem vorliegenden Manuskript um eine erfundene, nicht tatsächliche Geschichte handelte. Aber genau das herauszufinden war es, was Debbie antrieb, nicht lockerzulassen. Sie würde es erfahren…

15

Lindsay und Vince hatten die Schimpftiraden von Frau Keller über sich ergehen lassen. Was sollten sie auch dagegen tun, Widerstand half nicht und wurde nur noch mehr bestraft. Nach den wütenden Augen von Frau Keller zu urteilen, wäre es auch nicht verwunderlich gewesen, wenn sie den Kindern gegenüber handgreiflich geworden wäre. Vince hatte genau davor Angst, als diese Frau auf Lindsay zugegangen war und auf sie eingebrüllt hatte.

Lindsay war nun schon seit fast zwei Stunden still. Sie lag auf Vince' Bett und sagte seit dem Unterricht kein einziges Wort. Vince hatte verzweifelt versucht, sie aufzumuntern, doch selbst seine sonst so wirksame Kitzelattacke half nicht. Er war machtlos, fast sah es so aus, als wäre sie in eine andere Welt abgeglitten.

Als sich Vince erneut zu seiner Schwester umdrehte, saß sie am Bettrand und sah ihn mit großen Augen an.

„Es geht mir wieder gut, es tut mir Leid, dass du dir Sorgen gemacht hast, aber ich bin wieder in Ordnung. Es war nur alles ein bisschen viel heute. Ich komme schlecht mit dieser bösen Frau

klar. Es ist meine Schuld.", sagte Lindsay kleinlaut.

„Nein, Li! Es ist überhaupt nicht deine Schuld!
Wie du selbst sagst, diese Frau ist böse! Nur sie
ist schuld! Ich bin bei dir, wir schaffen das!"

„Wie du meinst, Vince.", gab Lindsay noch immer geknickt zurück.

Sie gefiel ihm gar nicht. Er hatte seine kleine
Schwester bisher noch nicht so erlebt. Allerdings
hatte es ja bisher auch keine Veranlassung dazu
gegeben. Solche Menschen hatten er und Lindsay
in ihrem Leben nicht kennen gelernt, aber jetzt
waren sie damit konfrontiert. Es war ja nicht nur
diese Lehrerin, es waren ja auch die Brunners.
Und auch Emma war irgendwie komisch, nicht
böse, aber doch wirkte sie eingeschüchtert und
verängstigt. So wie Li jetzt.

Um sie abzulenken, nahm er sie an die Hand und
ging mit ihr ans Fenster.

„Hast du Lust, ein wenig draußen zu spielen?"

Lindsays Augen leuchteten auf.

„Ja, gerne, lass uns in den Garten gehen. Denn
ob wir nun lernen oder nicht, es ist Frau Keller
eh nie genug."

Gemeinsam verbrachten die Kinder den Rest des
Nachmittages im weitläufigen, parkähnlichen

Garten. Auch an diesem Tag hatten sie die Brunners nur zum Essen gesehen und dann waren die beiden wieder verschwunden. Manchmal kam es Vince so vor, als wären sie den gesamten Tag außer Haus und waren nur zum Essen anwesend.

Aber jetzt waren Stimmen im Garten zu hören. Etwas abseits befand sich ein hübscher Pavillon, den man bestimmt wunderbar für kleinere Feste nutzen könnte.

Vince rief leise nach seiner Schwester, die sich noch vor ihm versteckte.

„Hey, das ist unfair, hast du die Spielregeln beim Verstecken vergessen? Du musst mich suchen, nicht einfach nach mir rufen!"

Neckend verpasste Lindsay ihrem Bruder eine Kopfnuss. Vince aber zog sie zu sich auf den Boden.

„Hörst du das auch? Da vorne unterhält sich jemand."

Lindsay horchte und nickte still mit dem Kopf.

„Lass uns nachsehen, ja? Wir schleichen uns an."

„Klar, das wird spannend!", meinte Lindsay und hob den Daumen.

Das ist meine Li!, dachte Vince und lächelte spitzbübisch.

Die Kinder gaben sich die größte Mühe, sich ganz leise an den Pavillon heranzupirschen. Sie versteckten sich hinter einem Strauch und konnten die Stimmen deutlich hören. Es waren die der Brunners. Aber was redeten sie da? Für die Kinder hörte es sich nach völlig zusammenhanglosem Zeug an.

Mikes tiefe Stimme erklang mit einem Mal so laut, dass die Kinder zusammenzuckten.

„Der Termin rückt immer näher. Unser Kontakt in der Schweiz wartet nicht länger als vier Wochen. Bis dahin sollten sie vorbereitet sein und das ist deine Aufgabe. Du leistest gute Arbeit, aber es ist noch nicht gut genug."

Mike verlieh seiner Aussage einen so einschüchternden Ton, dass selbst die Kinder, die gar nicht angesprochen waren, zitterten.

Schnell verließen sie ihr Versteck und krochen unter die große Eiche. Hier fühlten sie sich sicher, ein paar Meter Abstand würden ausreichen.

Mit wem Mike gesprochen hatte, wussten die Kinder nicht, aber sie waren sich sicher, dass es sich um irgendwelche geschäftlichen Dinge handelte, die sie nichts angingen.

„Puh, das war unheimlich.", flüsterte Lindsay leise.

„Ja... lass uns lieber noch etwas spielen."

Vince stand auf und jagte seine Schwester um die alte Eiche herum, bis sich Lindsay erschöpft, aber immer noch kichernd, am Baumstamm heruntergleiten ließ.

„Kurze Pause, bitte, ich bin k.o.!" Lindsay ließ den Kopf nach hinten gegen den Baum sinken und schaute verträumt in die dicht bewachsenen Zweige, die sich langsam im Wind wiegten. Hier war eindeutig ihr Lieblingsplatz, sie konnte stundenlang hier sitzen und einfach nur den unzähligen Blättern bei ihrem täglichen Windspiel zuschauen. Hier konnte sie alles um sich herum vergessen und davon träumen, wie ihr junges Leben verlaufen wäre, hätten sie ihre Eltern nicht verloren. Lindsay verfolgte das Farbspiel, welches die Sonnenstrahlen auf den feuchten Blättern immer neu erscheinen ließen, und wurde plötzlich auf eine Unebenheit in einem etwas stärkeren Ast aufmerksam. Das passte so gar nicht zu den anderen so perfekt gewachsenen Ästen und Lindsay musste lächeln, dass es wohl doch nichts Vollkommenes gab. Es sah aus, als säße an der Stelle eine Schildkröte mit einem braun-grünen Panzer, die sich zum Ausruhen ein sonniges Plätzchen gesucht hatte.

„Schau mal, Vince, dort oben sitzt eine Schildkröte im Baum!", neckte sie ihren Bruder, der ebenfalls vollkommen entspannt neben ihr saß.

„Was? Wo?", schreckte Vince hoch.

*Lindsay lachte herzhaft und zeigte auf die Wuche-
rung am großen Ast über ihren Köpfen.*

*Als Vince hochschaute, verdrehte er die Augen.
Er wollte sich schon über seine Schwester herma-
chen, um sie als Strafe, ihn verladen zu haben, so
richtig durchzukitzeln, als ihm auffiel, dass diese
Wucherung an der einen Stelle einen unüber-
sehbaren Spalt hatte. Sie schien gar nicht mit dem
Ast verwachsen zu sein, wie es bei solchen Wu-
cherungen oder Pilzen üblich war. Das wusste
Vince noch aus dem Heimatkundeunterricht.*

*Vince kletterte den dicken Stamm ein Stück hoch,
um sich die Stelle etwas genauer anzusehen.*

*,,Vince, ich habe dich doch nur veralbert, komm
wieder runter!", lachte Lindsay noch immer.*

*Aber Vince achtete gar nicht auf seine Schwester,
sondern untersuchte stattdessen das seltsame
Gewächs am Baum.*

*,,Li, schau mal, man kann diesen Pilz abnehmen,
dahinter ist, glaube ich, ein Hohlraum."*

*Jetzt war es an Lindsay, erstaunt nach oben zu
blicken.*

,,Kannst du etwas sehen, Vince, was ist da?"

*Vince entdeckte einen relativ großen Hohlraum,
in dem irgendetwas stand. Vorsichtig griff er hinein und ertastete eine Art kleines Kästchen.*

„Ich habe etwas gefunden, schau mal." Er zog das Kästchen langsam heraus und betrachtete seinen Fund. Es war so etwas wie eine Zigarrenschachtel, aus Holz zwar, aber bereits stark verwittert.

Vince reichte die Schachtel seiner Schwester hinunter und stieg langsam wieder vom Baum.

Staunend drehte Lindsay den Fund hin und her.

„ Lass uns hineinschauen!", drängte Vince.

Lindsay versuchte, das Kästchen zu öffnen, aber es klemmte.

Sie reichte es Vince, der es ebenfalls versuchte.

„Es sieht alt aus, wem es wohl gehört hat? Vielleicht ist es auch ein kleiner Schatz, den jemand vor ganz langer Zeit hier versteckt hat", meinte Lindsay neugierig.

Das Kästchen hatte einen Metallverschluss, der aber so verrostet war, dass auch Vince ihn nicht auf bekam. Lindsay schaute sich nach einem Stein um und reichte ihn ihrem Bruder. Nach mehreren Versuchen gelang es ihm endlich, das kleine Schloss herauszuschlagen, und das Kästchen sprang auf.

Erwartungsvoll sahen sich die Kinder an, bevor sie beide den Deckel anhoben.

Ein wunderschöner grüner Stein, eine kleine Zwille, ein Stück Schnur und ein kleines

Schwarzweißfoto kamen zum Vorschein. Das Bild war kaum noch zu erkennen, aber nach den übrig gebliebenen Konturen zu urteilen, handelte es sich um das Foto einer Frau.

„Vince, wer ist das wohl und wem gehört dieses Kästchen?"

„Simon."

Vince sah seine Schwester an und deutete auf die Innenseite des Deckels.

In deutlichen Buchstaben stand dieser Name dort in krakeliger Schrift geschrieben.

Lindsay fiel auf, dass man den Innendeckel herausnehmen konnte.

Dahinter verbargen sich ein silberner Ring und ein Stück Papier. Als es Lindsay auffaltete, konnten die Zwillinge in deutlichen Buchstaben lesen:

Ich werde in deinem Herzen immer bei dir sein. Ich liebe und beschütze dich, mein kleiner Schatz, auch wenn ich nicht mehr bei dir sein kann. Sei stark für uns beide!

Deine Mama!'

Fassungslos schauten sich die Kinder an. Keiner der beiden konnte im ersten Moment begreifen, was sie gefunden hatten. Lindsay brach als erste das erstarrte Schweigen.

„Was denkst du, Vince? Wer ist Simon und wo ist er jetzt?"

92

Ungläubig sah Vince zu seiner Schwester hin-über. Er hatte nicht die leiseste Ahnung, was das alles zu bedeuten hatte.

Er schüttelte nur den Kopf.

„Ich weiß es nicht, Li, aber ich habe so ein komisches Gefühl. Lass uns das Kästchen mitnehmen und aufs Zimmer gehen. Ja?"

Etwas später, nachdem sie ihre Hausaufgaben erledigt hatten, sich aber nicht wirklich hatten konzentrieren können, fiel Vince der Zettel wieder ein, den sie vor einiger Zeit gefunden hatten.

Er zog ihn aus seinem Schreibtisch und versuchte wieder, die verwaschenen Buchstaben zu lesen. Als Lindsay plötzlich hinter ihm stand, erschrak er fast. Aber nicht wegen der Anwesenheit seiner Schwester, sondern weil ihm und auch Lindsay ein Gedanke durch den Kopf schoss.

„Simon!"

Die wenigen erkennbaren Buchstaben auf dem Zettel könnten Simon heißen und ein Nachname, wie Miller oder Möller. Wie eine Unterschrift unter einem Brief.

„Vince, dieser Simon muss hier gewesen sein. Wo ist er nur? Ist es der Sohn der Brunners?"

Ich weiß es nicht, dachte Vince, aber sie mussten es herausfinden.

16

Debbies Unruhe blieb Vince nicht verborgen. Er hatte sie bereits den ganzen Morgen beobachtet und es fiel auf, dass sie sehr nervös war. Als sie sich verabschieden wollte, um zur Arbeit zu fahren, hielt er sie zurück.

„Schatz, was ist los? Du wirkst total durcheinander?"

Debbie setzte sich noch mal hin und begann Vince von Robert und Miranda Blake zu erzählen.

„Ich kann dir gar nicht sagen, warum mich das alles so aufwühlt, aber diese Geschichte fasziniert mich wie bisher keine andere. Aber es interessiert mich nicht nur deshalb, weil es für die Zeitung eine gute Auflage geben würde, sondern auch privat. Ich muss einfach erfahren, was hinter den mysteriösen Umständen steckt."

Vince nickte.

„Ich kann dich gut verstehen, es gibt Fälle, an denen ich arbeite, die mich ebenfalls mehr beschäftigen, als sie es sollten. Juliette Brown zum Beispiel. Ihr Fall hat mich schmerzhaft an meine Vergangenheit erinnert und mich gleichzeitig bestärkt in dem, was ich tue. Es ist richtig, für Gerechtigkeit zu kämpfen und für die Wahrheit.

Es scheint mir so, als sei es für diese Miranda ebenfalls eine Art Bewältigung der Vergangenheit, und es ist nur natürlich, dass dich das nicht unberührt lässt. Du bist ein sehr emotionaler Mensch, mein Schatz."

Und genau das hat mich gerettet, dachte Vince, als ihn Debbie liebevoll umarmte.

„Du hast Recht, Vince, und ich werde Miranda helfen, so gut ich kann. Drück mir die Daumen für den Termin. Bis später!"

Als Debbie gerade den Telefonhörer auflegte, kam Kendra ins Büro und kündigte Mr Blake an.

Heute hatte Debbie Gelegenheit, ihn sich genauer anzuschauen, als er noch im Vorzimmer stand und sich mit einer jungen Dame unterhielt. Er war groß, breitschultrig und sah in seinem graublauen Anzug äußerst attraktiv aus. Wobei er irgendwie nicht wirkte, als würde er gerne einen Anzug tragen, sondern eher Jeans und T-Shirt bevorzugen. Robert Blake musste ungefähr so alt sein wie Vince, etwas älter vielleicht. Er hatte dunkles Haar und helle Augen.

Als er Debbie zur Begrüßung die Hand entgegenstreckte, kam sie nicht umhin, eine gewisse Sympathie für diesen Mann zu empfinden. Die Skepsis, die sie im ersten Gespräch mit Robert Blake begleitet hatte, war heute sehr viel verhaltener.

Dieser Mann strahlte eine beruhigende Wärme aus, die Debbie faszinierte. Doch war sie fest entschlossen, sich davon nicht irritieren zu lassen und bat ihn sachlich, Platz zu nehmen.

„Mrs Walthers, es freut mich, dass wir uns wiedersehen. Wie geht es Ihnen?"

„Danke, Mr Blake, gut. Ihnen und Ihrer Frau doch hoffentlich auch?"

Robert Blake nickte höflich.

„Ich möchte ohne Umschweife gerne gleich auf den Punkt kommen.", begann Debbie.

„Ich hatte Ihnen bereits gesagt, dass es mir sehr wichtig ist, Miranda persönlich kennen zu lernen. Bitte erklären Sie mir, warum das nicht möglich ist, Mr Blake."

Robert Blake nahm Debbie gegenüber Platz. Sein Blick senkte sich und Debbie konnte förmlich sehen, wie er nachdachte.

Nach einiger Zeit blickte er auf und schaute Debbie direkt in die Augen. Der Ausdruck in seinem Gesicht war nicht zu deuten. Entschlossen und dennoch unsicher, weich und trotzdem hart. Debbie wartete und fühlte sich ungewöhnlich angespannt.

„Mrs Walthers, Debbie…", sagte er schließlich.

„Ich würde Ihnen gerne erklären, warum Miranda im Hintergrund bleiben möchte. Ich habe mehrfach mit ihr darüber gesprochen und sie erlaubte mir, Ihnen ein paar Informationen zukommen zu lassen. Allerdings muss ich Sie bitten, diese mit äußerster Diskretion zu behandeln, um die Privatsphäre meiner Frau zu schützen."

Noch immer sah Debbie Mr Blake an. Verhalten begann sie zu nicken. Irgendein Gefühl sagte ihr, dass die Informationen über Miranda sie mehr beschäftigen würden, als ihr lieb war.

Dennoch antwortete sie: „Ich werde natürlich alles vertraulich behandeln, ich gebe Ihnen mein Wort."

Langsam begann Robert zu erzählen, wie er Miranda kennen gelernt hatte.

Miranda wurde im Teenageralter von seinen Nachbarn adoptiert. Es war eine schwierige Zeit damals, da Miranda ein in sich zurückgezogenes Kind war, welches mit niemandem Kontakt haben wollte. Sie sprach kaum und in der Schule schien sie sich ebenfalls nicht wohl zu fühlen. Robert war vom ersten Tag an fasziniert von ihr, versuchte immer wieder, mit ihr zu reden, sie einzuladen und mit seinen Freunden bekannt zu machen. Anfangs konnte er nicht verstehen, wie ein Mädchen in ihrem Alter nichts damit anfangen konnte, auf Partys zu gehen, mit Freunden abzuhängen und vielleicht die ersten Versuche zu starten, mit einem Jungen anzubandeln. Aber Robert merkte schnell, dass Miranda anders war als all die anderen Mädchen. Sie war so zerbrechlich, viel zu dünn und trotz allem wunderschön. Für ihn. Nicht aber in den Augen seiner Freunde. Nachdem sie mitbekommen hatten, dass sich Robert um Miranda bemühte, wurde er aus dem Freundeskreis äußerst unfreundlich ausgeschlossen. Robert wurde teilweise so extrem beschimpft, dass es ihm fast körperlich weh tat. Aber dabei ging es ihm nicht um sich selbst, vielmehr schmerzten ihn die Ausdrücke, die seine so genannten Freunde für Miranda erfanden. Monster oder Zombie waren da noch milde Ausdrücke. Noch immer konnte sich Robert sehr gut an die Situation erinnern, als er es damals endlich geschafft hatte, mit Miranda ein Stück des Schulweges schweigend nebeneinanderher zu laufen, als plötzlich Greg, dieses Schwein und angeblich sein bester Kumpel, aus dem Gebüsch sprang und sich ihnen in den Weg stellte. Zunächst pöbelte er Robert an und machte anzügliche Bemerkungen über Miranda. Als Miranda immer unruhiger wurde, bemerkte auch Robert, dass sich noch vier weitere Jungs aus der Clique um sie versammelt hatten und bedrohlich um sie herumstanden.

Erschrocken drehte sich Robert um und schrie:

„Was soll das? Lasst uns in Ruhe!"

Aber bereits im nächsten Augenblick wurde Miranda von Paul, ausgerechnet dem Größten und vermutlich Stärksten der Gruppe, zu Boden gerissen. Paul warf sich auf sie und grinste Robert schief an.

„Ich wollte auch schon immer mal so eine Monsterschlampe haben!" Mit einem Ruck riss er Miranda die Bluse vom Leib und betrachtete sie mit lüsternem Blick.

„Mager, viel zu mager, aber wenn ich mir dein Scheißgesicht nicht anglotze, wir es schon gehen!", rief Paul aus.

Miranda starrte ins Leere, kein einziger Ton kam ihr über die Lippen. Robert stand wie versteinert da, bis er urplötzlich auf Paul losging und versuchte, ihn von Miranda herunterzuziehen. Doch leider waren Greg und die anderen schneller. Sie zerrten Robert weg, traten und prügelten auf ihn ein, bis er allmählich das Bewusstsein verlor. Er spürte keinen Schmerz mehr, alles um ihn herum verschwamm in einem schillernd bunten Nichts. Er fühlte sich seltsam leicht und glücklich, alles einfach hinter sich lassen zu können und selig hinwegzudriften.

Ein merkwürdig lauter Schrei holte ihn zurück. Schlagartig war Robert hellwach. Mühsam drehte er den Kopf und fand Mirandas schmerzverzerrte Augen. Sie schienen ihn um Hilfe anzuflehen, eindringlich zu bitten, diese schreckliche Situation zu beenden.

Robert versuchte sich zu bewegen, wollte zu ihr, doch sein Körper versagte ihm. Aus den Augenwinkeln nahm er ein Auto wahr, das sich langsam näherte. Mit all seiner verbliebenen Kraft schrie er, so laut er konnte.

Erschrocken blickten die jungen Männer zu dem heranfahrenden Auto. Sie nickten sich kurz zu und verschwanden. Robert sah, wie sich Paul schnell anzog und mit den anderen davonlief.

„Ich habe mich dann damals zu ihr hingeschleppt und sie einfach nur in den Armen gewiegt. Wir haben nicht geredet. Wir beide waren so geschockt. An diesem Tag habe ich mir geschworen, sie mein Leben lang zu beschützen."

Robert stützte seinen Kopf in beide Hände und sah zu Boden.

Mein Gott!, dachte Debbie.

Beide saßen sich eine Weile schweigend gegenüber.

„Gestatten Sie mir noch ein paar Fragen, Robert?", traute sich Debbie schließlich.

Robert nickte nur leicht. Diese Sache schien ihn noch immer sehr mitzunehmen.

„Wie alt waren Sie damals? Wurde Miranda…?" Robert schnitt ihr das Wort ab.

„Nein! Sie wurde nicht vergewaltigt, nicht dieses Mal. Wir hatten wirklich Glück, dass der Wagen kam und diese Bastarde gestört hat! Ich war damals 16 Jahre alt. Miranda muss ungefähr 14 gewesen sein. Die Leute haben uns ins Krankenhaus gebracht. Dort sind wir uns in den Wochen der Genesung näher gekommen. Ich bin der Einzige, dem Miranda vertraut."

Verwirrt schaute Debbie den Mann vor sich an.

„Robert, das tut mir alles so Leid. Ich kann Ihnen gar nicht sagen, wie schlimm ich diese Situation empfinde." Langsam konnte sie einige Dinge verstehen, die sie in Mirandas Buch gelesen hatte. Offensichtlich hatte Miranda einen solchen Übergriff nicht das erste Mal erlebt. Sie musste durch die Hölle gegangen sein.

„Sie sagten, dass Miranda ungefähr 14 Jahre alt war, wissen Sie das denn nicht genau?"

„Nein, wann sie geboren wurde, weiß ich nicht, weil auch sie es nicht weiß. Sie verstehen nicht ganz. Miranda hat an ihr Leben, bevor sie zu uns kam, nur lückenhafte Erinnerungen. Wir feiern den Tag, als sie zu uns ins Dorf kam, als ihren Geburtstag, denn das ist er für sie, sie wurde neu geboren."

Ja, das hatte Debbie gelesen, doch noch immer war sie sich nicht sicher, was sie von dieser Geschichte halten sollte. Sie hatte auch immer wieder davon gelesen, dass sich Miranda wegen irgendeiner Sache schämte, ihrer Vergangenheit wegen, die sie kaum kannte, oder war es etwa wegen dieses Übergriffs, von dem Robert erzählt hatte?

„Robert, Sie erzählten mir, dass Miranda von diesen Kerlen damals als Monster bezeichnet wurde. Aber warum? Ich kann mir nicht vorstellen, dass Ihre Frau nicht wunderschön ist?"

„Für mich ist sie es, Debbie, ich habe nie etwas anderes in ihr gesehen als die schönste Frau, die mir je begegnet ist. Aber sie selbst und auch andere Menschen sehen das durchaus anders. Und das ist auch der entscheidende Grund für ihre Entscheidung, lieber im Hintergrund zu bleiben."

Jetzt sah Debbie Robert nur noch erwartungsvoll an.

„Aber warum…?", begann Debbie.

„Sie ist entstellt, würde man sagen."

Debbie schüttelte den Kopf.

„Oh, mein Gott, das tut mir so Leid, Robert."

„Das muss es nicht, wir sind glücklich miteinander, nur war es uns bisher nicht vergönnt, Kinder zu haben."

Debbie konnte ihn verstehen, Kinder waren der größte Schatz, den das Leben bereithielt.

„Miranda hat zu viel Angst, dass unsere Kinder das gleiche Schicksal erleiden wie sie, vielleicht ebenfalls entstellt sein könnten. Das würde sie nicht verkraften."

„Aber Robert, Ärzte können doch herausfinden, ob es sich bei dem Problem Ihrer Frau um eine Erbkrankheit oder eine andere Art von Krankheit handelt."

Stumm ließ Robert die Hände sinken.

„Das würden sie vermutlich, doch Miranda geht nicht zu einem Arzt, nie!"

17

Es waren nur noch wenige Tage, bis Frau Welker aus ihrem ehemaligen Heim zu Besuch kommen würde. Die Kinder freuten sich riesig auf sie, waren sich aber inzwischen auch einig, mit ihr über die merkwürdigen Entdeckungen zu reden. Sie mussten sie unbedingt darum bitten herauszufinden, ob das Ehepaar Brunner vielleicht einen Adoptivsohn gehabt hatte, oder es sich bei Simon um ihren Neffen handeln könnte. Die ganze Sache hinterließ bei den Zwillingen ein beunruhigendes Gefühl, zumal sie sich nicht einmal sicher sein konnten, in der behüteten Familie untergekommen zu sein, die sie sich gewünscht und erhofft hatten.

Nach dem zugegebenermaßen aufreibenden Unterricht, den sie beide erneut über sich ergehen lassen mussten, zogen sich Vince und Lindsay ins Zimmer zurück, erledigten rasch ihre Schularbeiten für den kommenden Tag und beschlossen, mit Emma über ihre Entdeckung zu reden.

Vince war zwar der Meinung, Emma nicht unbedingt vertrauen zu können, aber Lindsay vertrat die Meinung, dass sie doch nichts zu verlieren hätten, wenn sie Emma auf diesen Simon ansprachen. Wenn sie ihn nicht kannte, waren sie eben wieder ganz am Anfang und würden mit Frau Welker darüber reden. Aber hatte Emma nicht gesagt, dass sie seit Jahren bei den Brunners angestellt war? Demnach wäre es wahrscheinlich, dass sie ihn kannte und den Kindern erklären konnte, was mit Simon geschehen war.

Nach dem Kaffee, den die Brunners stets allein im Esszimmer zu sich nahmen, kam Emma herauf zu den Kindern, um ihnen etwas von ihrem frisch gebackenen Kirschkuchen zu bringen.

Sie setzte sich zu Lindsay aufs Bett.

„Und, ihr zwei, wie war der Unterricht heute?"

Lindsay hob entschuldigend die Hände.

„Nicht so gut, Emma, wie immer eben. Wir können es Frau Keller einfach nicht recht machen. Heute zum Beispiel habe ich die gleiche Lösung einer Aufgabe errechnet wie Vince, aber bei mir hat sie sie als falsch angestrichen. Aber ich glaube, ich habe mich daran gewöhnt, bei Frau Keller nichts richtig zu machen. Sie mag mich einfach nicht."

Tatsächlich hatte Lindsay damit größere Probleme, als sie sich selbst gegenüber zugab. Aber das musste erst einmal zurückstehen. Schließlich wollten sie jetzt mit Emma über Simon sprechen.

„Emma, hast du Zeit, mit uns ein wenig in den Garten zu gehen?", fragte Vince.

„Ja, ich habe ein wenig Zeit, bis ich das Abendessen vorbereiten muss. Ich wollte sowieso nach den Pflanzen am Pavillon schauen und sie austauschen."

Die Kinder liefen vorweg und ließen sich auf der Bank unter dem großen Baum nieder. Nachdem Emma nach den Blumen geschaut hatte, kam sie auf die Kinder zu. Vince hatte das Kästchen mit dem Brief und auch den Zettel hinter seinem Rücken. Emma schien etwas zu zögern, als sie auf die Kinder zukam.

„Warum setzen wir uns nicht ein Stück weiter vorne in den Garten oder unter den Pavillon?"

Lindsay sah sie verwundert an.

„Aber es ist doch schön hier, komm, setze dich zu uns, wir wollten dich etwas fragen."

Emma zog die Augenbrauen hoch.

„Also wenn ihr beiden irgendeinen dummen Streich ausheckt, möchte ich nicht mit hineingezogen werden", gab sie lachend zurück.

Doch als Vince begann, von dem Zettel in seinem Zimmer zu erzählen, auf dem nur noch ein paar Buchstaben zu erkennen waren und dann von dem Fund im Astloch des Baumes direkt neben ihnen, begann sich Emmas Gesichtsausdruck zu verwandeln. Sie wurde plötzlich kreidebleich, ihre Augen weiteten sich und ihr gesamter Körper begann zu zittern.

Als Lindsay sie vorsichtig berührte, um sie zu fragen, was mit ihr los sei, erschrak Emma.

Tränen liefen über ihre sonst so rosigen Wangen, aber sie antwortete nicht. Sie starrte ins Leere, unfähig, irgendeine körperliche Reaktion zuzulassen.

Als Vince schließlich das Kästchen hinter seinem Rücken hervorholte und es Emma gab, brach sie völlig zusammen.

Unkontrolliert ließ sie ihren Tränen freien Lauf und schluchzte. Ihre Hände suchten die der Kinder, und erst als sie beide mit ihren Armen umschloss, beruhigte sie sich ein wenig.

Emma wollte dieses Kästchen unbedingt öffnen und die Sachen von Simon in den Händen halten, sie lesen, sich an ihn erinnern, doch andererseits konnte sie es nicht. Sie hatte es jahrelang verstanden, mit der Angelegenheit klarzukommen, sich auf ihre Arbeit zu konzentrieren, Simon aus ihren Gedanken fern zu halten. Doch jetzt wurde sie schmerzlich mit ihrer Vergangenheit und der Simons konfrontiert. Nie hatte sie damit gerechnet, nie wollte sie wieder diese Schmerzen haben.

Nach einer gefühlten Ewigkeit nahm sie Simons Kästchen von ihrem Schoß. Emma kannte es, wusste damals auch um seine Bedeutung für Simon. Es war sein Schatz, seine Erinnerung an seine Mutter, die er nie wiedersehen würde. Emma hatte immer gehofft, dass Simon bei ihnen glücklich werden konnte, doch als die Brunners anfingen, Simon zu behandeln, als wäre er ihnen lästig, ihn gar nicht mehr beachteten und auch Emma anwiesen, sich von ihm fernzuhalten und ihn lediglich notdürftig zu versorgen, begann Simon sich zurückzuziehen. Er verbrachte sehr viel Zeit hier unter diesem Baum, an seinem Platz der Trauer um sein vergangenes Leben und um seine Mutter.

Eines Tages war er plötzlich verschwunden, nicht mehr da, herausgerissen aus Emmas Leben. Sie fragte damals so oft bei den Brunners nach, wo er sei, doch eine einleuchtende Erklärung bekam sie nie. Ihr wurde lediglich gesagt, Simon würde jetzt bei der Schwester von Nancy Brunner leben, weil sie nicht mehr mit ihm klarkämen! Wenn Emma ihren Job behalten wolle, sollte sie lieber nicht mehr nachfragen!

Für Emma brach damals eine Welt zusammen. Nicht nur, dass Emma nie etwas über eine Schwester von Frau Brunner gehört hätte, geschweige denn, dass je jemand zu Besuch gekommen wäre, sie hielt die Aussage, dass die Brunners mit Simon nicht klarkommen würden, für eine infame Lüge! Sie hatten sich ja nie um ihn gekümmert! Nur zu Beginn, als Simon zu ihnen kam, setzten die Brunners ihr herzliches Gesicht auf, gaben vor, Simon gute Eltern sein zu wollen, aber bereits in den ersten Monaten nach seiner Adoption zeigten sie ihr wahres Gesicht. Sie verabscheuten diesen wunderbaren Jungen regelrecht.

Emma hielt sich damals aus Angst davor, ihren Job zu verlieren, an die Abmachung und fragte nicht mehr nach. Sie wusste, dass sie von ihren Arbeitgebern eine so schlechte Referenz bekommen würde, dass sie in ihrem Alter nie wieder einen Job finden würde. Aber den brauchte sie dringend, um ihre schwer kranke Mutter weiter gut versorgt zu wissen. Emma hatte keine andere Wahl.

In ihrer Vorstellung lebte der traurige Junge jetzt in einer liebevollen Familie, die ihm das gab, was er so dringend brauchte...Halt, Zuneigung, Sicherheit und Liebe.

Nun saß sie hier, mit Lindsay und Vince, die ihr genauso ans Herz gewachsen waren wie Simon und sie musste sich die Frage stellen, ob sie damals richtig gehandelt hatte. Ob es richtig gewesen war, nicht nachzuforschen, was aus Simon geworden war, ob es ihm gut ging, wo er lebte. Denn das Muster schien sich zu wiederholen. Auch die Zwillinge wurden von den Brunners nicht beachtet, wäre Emma nicht da, wären sie völlig auf sich allein gestellt.

Langsam öffnete Emma Simons Kästchen. Nach fast zehn Jahren hielt sie wieder seinen kleinen Schatz in der Hand, den Brief seiner geliebten Mutter und den Ring.

Emma strich über das Papier, berührte den Ring und wurde mit einem Mal in die Vergangenheit zurückgeschleudert, dass es ihr fast das Herz zerriss.

Sie sah Simon vor sich, den süßen blonden Jungen mit den azurblauen Augen, seinem schiefen Lächeln, hinter dem ein kleiner Spitzbube steckte und der es sich von Herzen wünschte, glücklich zu sein.

Emma versuchte sich zusammenzunehmen. Sie legte die Sachen zurück und stand langsam auf, das Kästchen noch immer fest umklammert.

„Kinder, es tut mir Leid. Ich kann jetzt nicht mit euch über diese Sache reden. Bitte gebt mir ein bisschen Zeit. Ich verspreche euch, dann werdet ihr alles erfahren."

Lindsay sprang auf.

„Emma, bitte sag uns doch wenigstens, ob Simon hier gelebt hat? Hier bei den Brunners, so wie wir? Wo ist er?"

„Ja, mein Kind, Simon hat hier mit uns gelebt."

Das war alles, was Emma sagte, bevor sie sich abwandte und zum Haus ging.

Fassungslos sahen die Kinder ihr nach.

Sie brauchten lange, um das gerade Erlebte zu verdauen.

Erst als es allmählich dunkel wurde, standen sie auf und gingen ebenfalls durch den Garten zurück. Es musste bereits ziemlich spät sein und sie konnten nur hoffen, dass sie keinen Ärger mit den Brunners bekommen würden, da sie vielleicht das Abendessen versäumt hatten. Aber als sie ins Haus kamen, war alles ruhig.

Die Zwillinge liefen die Treppe hinauf, um auf ihre Zimmer zu gehen, als Emmas sie rief:

„Bleibt hier, ihr beiden, ich habe euch etwas zum Essen gemacht."

Brav setzten sich die Kinder an den Tisch, unfähig, Emma auch nur anzusehen. Zu sehr hatte ihnen ihre Reaktion vorhin zugesetzt.

„Die Brunner sind außer Haus, ihr könnt beruhigt sein", sagte Emma, als sie den beiden eine wundervoll duftende Pizza hinstellte.

„Wow!", entfuhr es Vince, der sich gleich darauf stürzte.

„So etwas haben wir ja ewig nicht gegessen! Wenn es nur Pizza gibt, wenn die Brunners nicht da sind, können sie ruhig öfter wegbleiben!"

Lindsay stieß Vince in die Seite und strafte ihn mit einem bösen Blick.

„Iss nur, mein Junge, und du auch, Lindsay", lächelte Emma jetzt.

Sie würde mit den Kindern reden. Sie musste es tun, sie hatten die Wahrheit verdient. Sobald es ihr möglich war, darüber zu sprechen...

18

Debbie hatte in dem Gespräch mit Robert vollkommen die Zeit vergessen. Ihm schien es ähnlich zu gehen, denn mit einem Blick auf seine Uhr stand er auf und entschuldigte sich.

„Ich würde mich gerne noch weiter mit Ihnen unterhalten, Robert, wenn es Ihnen recht wäre.", sagte Debbie, als er sich verabschiedete.

„Gerne. Jederzeit. Melden Sie sich einfach, wenn es Ihnen passt."

Damit ließ er Debbie in ihrem Büro zurück. Sie kam nicht umhin, von dieser Geschichte tief beeindruckt zu sein.

Sie musste Vince unbedingt davon erzählen.

Zu Hause angekommen, fand sie ihn und die Kinder gemeinsam vor dem Fernseher sitzen und gespannt einen Cartoon schauen. Leise schlich sie sich heran und hielt Vince die Augen zu.

„Rate, wer ich bin?", flüsterte Debbie ihm leise ins Ohr.

Lächeln drehte Vince sich um.

„Die Liebe meines Lebens.", antwortete er und zog sie zu sich und den Mädchen auf die Couch.

Liebevoll nahm Vince Debbies Gesicht in seine warmen Hände und betrachtete ihr wunderschönes Gesicht. In diesem wie auch in vielen anderen Momenten konnte er sein Glück kaum fassen. Sie hatte ihm ins Leben zurückgeholfen, ihn seine schmerzhafte Vergangenheit vergessen lassen. Sie und seine wunderbaren Töchter. Langsam und mit voller Hingabe begann er seine Frau zu küssen, ließ sie all die Liebe und Dankbarkeit spüren, die er für sie empfand.

Und Debbie schmolz dahin, nahm seine sie übermannenden Gefühle in sich auf, genoss ihn und blendete alles um sich herum aus…

„Mum, was soll das, wir sind auch noch hier, das ist eklig!", machte sich Ellen Luft. Langsam kam sie in die Phase ihres Lebens, in der sie den Austausch von Zärtlichkeiten nicht mehr als etwas Wunderbares empfand, sondern eher als störend. Zumal es ihre Eltern waren und nicht sie selbst.

Debbie löste sich von ihrem Mann und blickte neckisch zu Ellen hinüber:

„Magst du auch mitknutschen, Süße?"

„Nein, Gott bewahre!", bekam Debbie von ihrer Großen zur Antwort, bevor sie sich wieder auf den Cartoon im Fernsehen konzentrierte.

Dana kuschelte sich eng an Vince und Debbie an.

„Von mir aus könnt ihr weitermachen.", sagte die Kleine, ohne auch nur eine Sekunde den Blick vom Fernsehgerät abzuwenden.

Vince und Debbie brachen in schallendes Gelächter aus.

„Oh Gott, ich liebe euch so sehr!", sagte Vince und gab all seinen Frauen einen dicken Kuss auf die Stirn.

Als die Kinder später im Bett waren, öffneten sich Vince und Debbie eine Flasche Wein und setzten sich zusammen an den Küchentisch.

„Schatz, ich möchte gerne über etwas mit dir reden, was mich sehr beschäftigt.", begann Debbie.

„Ist es wegen dieser Sache in der Redaktion, wegen dieses Manuskripts oder geht es etwa um das Ausrichten meines Geburtstages? Du weißt, ich lasse dir da freie Hand und ich verspreche, dabei zu sein und es zu überstehen."

Gedankenverloren schaute Debbie in ihr Glas. Sie hatte tatsächlich ein wenig Sorge, dass Vince' Geburtstag wieder ein Fiasko werden könnte, aber Mirandas Geschichte interessierte sie im Moment noch viel mehr. Irgendetwas an dieser Geschichte ließ ihr keine Ruhe.

Debbie begann Vince von all dem zu erzählen, was sie am Nachmittag mit Robert Blake besprochen hatte. Erneut durchlebte sie dabei die verschiedenen Gefühlsregungen, die sie schon in dem Gespräch überrascht hatten. Als sie endete, schaute sie Vince erwartungsvoll an.

„Schatz, was sagst du? Was hältst du davon?"

Vince antwortete lange nicht. Etwas an dieser Geschichte schien ganz und gar nicht zu stimmen und vor allem Debbies Unbehagen ging auf Vince über. Es kam ihm fast vor, als könnte es sich hier um einen ähnlichen Fall wie bei Juliette Brown handeln, den er erst kürzlich vor Gericht gebracht hatte. Ihm kam es so vor, als würde Miranda in ernsthaften Schwierigkeiten stecken, und ihr Mann Robert hatte vielleicht großen Anteil daran. Vince wollte zwar nicht vorschnell urteilen, aber seine Intuition sagte ihm, dass Miranda dringend Hilfe brauchte.

„Was sagt dir denn dein Gefühl? Meinst du, Miranda versucht durch ihr Buch indirekt darauf hinweisen zu wollen, dass ihr Mann sie in irgendeiner Weise tyrannisiert?"

„Nein!" gab Debbie sofort zurück. „Ich denke vielmehr, dass es sich um eine Sache handelt, die vorher passiert sein muss, verstehst du, bevor sie Robert kennen gelernt hat. Ich denke, beide brauchen Hilfe, um ihre Vergangenheit aufzuarbeiten, Miranda ihre und Robert alle die Jahre, in denen er ihr zur Seite gestanden hat. So sieht es zumindest aus. Er kommt mir manchmal so hilflos vor, weil sich seine Frau vor vielem verschließt, was er sich von Herzen wünscht."

Vince musterte seine Frau eingehend. Dieser Robert hatte Debbie offensichtlich sehr beeindruckt, aber Vince war sich nicht sicher, ob das so gut war. Zu oft hatte er in seiner Karriere als Anwalt gesehen, wie beinflussbar Menschen waren, und im Moment schien Debbie zu viel von Robert zu halten. Er machte sich ein wenig Sorgen um Debbies Urteilvermögen, sein Beschützerinstinkt gewann langsam die Oberhand.

„Siehst du diesen Mann noch einmal?", fragte er nach.

„Ja, ich werde mich wieder mit ihm verabreden. Ich muss wissen, was an dieser Geschichte dran ist. Miranda weigert sich noch immer, bei unseren Gesprächen dabei zu sein. Das behauptet Robert zumindest.", meinte Debbie.

„Ich bin mir noch nicht ganz sicher, ob ich ihm trauen kann."

„Geht mir genauso.", antwortete Vince.

„Vielleicht gibt es die Möglichkeit, dass ich auch einmal mit ihm reden kann? Was meinst du?"

„Ja, das wäre gut."

Ja, das wäre es wirklich, dachte Debbie. Vielleicht konnte sie Robert ja dazu überreden, Vince beim nächsten Treffen einzuladen. So konnte er sich am besten selbst ein Bild machen. Viel lieber wäre es Debbie aber noch immer, Miranda selbst kennen zu lernen. Die Zeit würde zeigen, ob sie jemals dazu bereit war.

Der kommende Tag in der Kanzlei gestaltete sich für Vince als ziemlich nervenaufreibend. Seine Partner hatten eine wichtige Sitzung einberufen, in welcher über die Erweiterung der Kanzlei verhandelt werden sollte. Solche Tage lagen Vince einfach nicht, stundenlang im Seminarraum zu sitzen und über Statistiken zu diskutieren. Wirklich nicht erstrebenswert. Vielmehr interessierte ihn ein neuer Fall, der ihm fast auf den Leib geschneidert war.

Wieder ging es um eine junge Frau, die sich gegen ihren Peiniger zur Wehr gesetzt hatte. Diesmal allerdings wurde die Frau, gerade 24 Jahre alt, wegen Mordes angeklagt.

Im Anschluss an die Sitzung hatte Vince einen Anhörungstermin mit Kirsten Donald, die bereits auf Rikers Island in Untersuchungshaft saß.

Vince musste sich dringend selbst ein Bild machen, die Akten waren für ihn wenig aufschlussreich. Hier ging es lediglich um Fakten, die ihm jedoch nicht weiterhalfen. Er musste mit Kirsten sprechen, ihre Geschichte hören, wobei er sich schon dessen bewusst war, dass er sich nicht wegen seiner Vergangenheit beeinflussen lassen durfte. Noch immer hatte er damit zu kämpfen, nicht blind auf alle loszugehen, die Frauen in irgendeiner Form wehtaten. Seine Wut auf sich selbst, damals als Kind nichts dafür unternommen zu haben, um Lindsay zu retten, ließ sich nicht verdrängen. Sie saß tief, die Unfähigkeit, zu der er vor langer Zeit verdammt gewesen war und die das blanke Entsetzen über den Tod seiner Schwester hinterlassen hatte, körperliche Schmerzen bis heute.

Zwar hatte Vince im Laufe der vielen Jahre erkannt, dass er höchstwahrscheinlich nichts von dem hätte verhindern können, was passiert war. Er war ein Junge von zehn Jahren, nie hätte er schon allein körperlich gegen Lindsays Mörder bestehen können, doch sein Herz sagte ihm noch heute, dass er es hätte versuchen müssen, früher erkennen müssen, was in dieser Familie mit dieser großen Villa nicht stimmte.

So viele Sachen wiesen darauf hin, Lindsay und er hatten ja versucht, mit Emma und Frau Welker darüber zu sprechen, aber es war am Ende vergebens gewesen.

Es war mehr die Neugier und die Unvoreingenommenheit von Kindern gewesen, die sich Hals über Kopf in ein Abenteuer stürzen wollten, Geheimnisse erforschen und aufdecken wollten. Beide waren einfach damals zu jung, um zu erkennen, in welcher Gefahr sie sich tatsächlich befanden.

Es war für sie zu spät, als sie der schrecklichen Wahrheit ins Gesicht schauen mussten, gefangen und hilflos, ohne jede Hoffnung auf Rettung…

19

Auch am folgenden Tag waren die Brunners nicht im Haus. Emma setzte sich sogar das erste Mal mit den Zwillingen an den Tisch, um gemeinsam mit ihnen zu frühstücken.

Dieser Tag war so wunderbar entspannend für die Kinder und Emma, zumal gegen Mittag auch noch Frau Keller den Unterricht für diesen Tag absagte.

Lindsay und Vince tobten den ganzen Nachmittag im Garten herum. Emma hatte den Kindern Muffins gebacken, die sie dann gemeinsam bei einem Picknick auf der großen Wiese des Gartens verspeisten.

Es war ein unbeschwerter Tag, der glücklichste, seitdem die Kinder bei den Brunners lebten. Keiner der drei dachte noch über die Entdeckung der letzten Tage und die vielen Fragen über Simon nach. Emma konnte und wollte den Kindern den Tag nicht verderben, indem sie die Gelegenheit nutze, mit Vince und Lindsay darüber zu reden. Die Unbeschwertheit dieses wundervollen Tages sollte durch nichts getrübt werden, das war Emma den Zwillingen schuldig.

Spät am Abend hörte Emma die Brunners zurückkommen. Sie blieb jedoch in ihrem Zimmer, sie hatte für den Fall ihrer Rückkehr etwas zum Essen in den Kühlschrank gestellt. Auch Emma hatte nicht Bescheid bekommen, dass und wie lange die Brunners wegbleiben würden. Das taten sie öfter. In dieser Zeit fühlte sich Emma tatsächlich ein bisschen wohl in diesem Haus.

Wenn sie jetzt darüber nachdachte, war es vor langer Zeit ebenso gewesen wie heute. Die Brunners waren außer Haus und sie hatte mit Simon einen langen Spaziergang unternommen.

Im nahe gelegenen Wald gab es einen kleinen Teich, an dem Simon für Emma ein kleines Floß gebaut hatte. Mit kindlicher Freude schob er das kleine Bauwerk über das Wasser, neckte Emma und war für seine Verhältnisse überraschend ausgelassen. Emma konnte sich noch genau an diesen Tag erinnern. Er schmiegte sich damals an sie und dankte ihr für diesen Tag. Simon dankte Emma, dass sie für ihn da war… .

Gott, wieder trieb es ihr die Tränen in die Augen. Es hatte sich so gut angefühlt, so richtig.

Ein paar Tage nach der Rückkehr der Brunners war Simon verschwunden. Emma war nach Hause geschickt worden, da das Ehepaar sie nicht brauchte, sagten sie damals.

„Vince, aufstehen, Frau Welker kommt uns heute besuchen."

Lindsay war so aufgeregt, dass sie Vince schon die Decke wegzog, als er noch nicht einmal die Augen geöffnet hatte.

„Komm schon, der Wecker hat doch noch gar nicht geklingelt. Lass mich noch ein paar Minuten.", bettelte er seine Schwester an.

Lindsay hopste mittlerweile neben ihm auf dem Bett herum, so dass es Vince gar nicht möglich war, noch einmal wegzuschlummern.

Lachend zog er seine Schwester zu sich herunter. Die beiden kuschelten sich aneinander. Beiden stand die Freude über das Wiedersehen mit ihrer ehemaligen Heimleiterin ins Gesicht geschrieben.

„Ich freue mich so auf Frau Welker, Vince. Wie es den anderen im Heim wohl geht?"

„Ich bin auch ganz gespannt und vor allem bin ich gespannt darauf, wie sie dieses Haus und die Brunners findet", sagte Vince.

121

Das Haus wird sie toll finden, aber was wird sie zu Mike und Nancy sagen? Ob sie die beiden auch merkwürdig findet?, dachte Lindsay.

Später im Salon wurden die Zwillinge von Mike angesprochen.

„Heute Nachmittag kommt diese Heimleiterin hierher. Meine Frau und ich erwarten von euch ein tadelloses Benehmen. Ihr werdet nur dann antworten, wenn ihr gefragt werdet, habt ihr das verstanden?"

Vorsichtig nickten die Kinder.

„Wir werden zusammen Kaffee trinken. Eure Lehrerin wird ebenfalls heute Nachmittag dabei sein und dann wird diese Frau Welker hoffentlich schnell wieder verschwinden."

Mit dieser herablassenden und nüchternen Aussage ließ er die Kinder zurück.

Verwirrt schauten sich die Kinder an. Nachdem sie einigermaßen verdaut hatten, was Mike gesagt hatte, flüsterte Vince:

„Wir müssen unbedingt versuchen, mit Frau Welker allein zu reden. Ich möchte, dass sie weiß, wie Nancy und Mike mit uns umgehen. Bei all diesen Sachen hier, dem Haus, dem Garten, Emma...irgendwie ist das alles irre toll, aber warum

behandeln sie uns immer so, als hätten wir etwas falsch gemacht?"

Lindsay zuckte nur mit den Schultern und schaute Vince traurig an.

Emma stand hinter der Tür zum Salon und hatte Mikes Worte gehört.

Das gefiel ihr alles gar nicht. Sie hatte ein mulmiges Gefühl, hier konnte doch etwas ganz und gar nicht stimmen.

Emma dachte darüber nach, wie sie diese Frau Welker vielleicht für ein paar Minuten sprechen konnte. Sie war überzeugt davon, dass sie stutzig werden würde, wenn Emma ihr von Simon erzählen würde.

Vielleicht wusste Frau Welker ja auch über Simon Bescheid, wusste davon, dass er damals zu Nancy Brunners Schwester gekommen war. Denn die Kinderheime mussten doch alles über die Adoptiveltern wissen, oder nicht? Es war doch gar nicht so einfach, ein Kind zu sich zu nehmen. Es würde Emma sehr beruhigen, wenn die Brunners ihr damals die Wahrheit erzählt hätten.

Die Zwillinge warteten in Vince' Zimmer auf die Ankunft ihrer ehemaligen Heimleiterin.

Als endlich ein Wagen die Auffahrt zum Haus hinauffuhr, sprangen beide sofort die Treppe hinunter zur Haustür.

Lindsay riss die Tür auf, noch ehe der Wagen zum Halten kam.

Mit einem Ruck wurde sie an der Schulter zurück in den Eingangsbereich des Hauses gezerrt. Die Haustür fiel zurück ins Schloss.

„Was hatte ich euch vorhin über euer Benehmen gesagt, Fräulein?", schrie Mike sie an.

Mit schmerzverzerrtem Gesicht schaute Lindsay in Mikes wütende Augen.

Völlig geschockt von dieser Aktion starrte Vince Mike und Nancy an, die regungslos hinter ihrem Mann stand.

„Tun Sie meiner Schwester nicht weh!", presste Vince heraus.

Mike drehte sich kurz zu ihm um und lachte schallend.

„Hör dir den kleinen Kerl an, Nancy, das ist ja köstlich." Jetzt wurde Mikes Blick dunkel.

„Ich tue, was mir gefällt, mein Freund, merke dir das!"

Nur wenige Sekunden später stand Frau Welker vor der Tür.

Nancy trat einen Schritt vor und hinter ihr tauchte Frau Keller auf. Wo kam sie so plötzlich her? War sie schon die ganze Zeit im Haus?

Als Nancy die Tür öffnete, begrüßte sie Frau Welker überaus freundlich. Auch auf dem Gesicht von Frau Keller breitete sich ein Lächeln aus, welches die Kinder von ihr überhaupt nicht kannten.

Und Mike? So wütend, wie er Sekunden vorher gewesen war, umso freundlicher schien sein Blick jetzt.

Vince war vollkommen durcheinander. Lindsay starrte noch immer zu Boden. Sie hatte große Mühe, ihre Tränen zurückzuhalten.

Emma hatte die Situation aus der Ferne beobachtet und war genauso entsetzt wie die Kinder.

Während Nancy, Mike und Frau Keller damit beschäftigt waren, Frau Welker ungewohnt herzlich zu begrüßen, ging Emma vorsichtig auf die Kinder zu. Vince hatte Lindsay besorgt in die Arme genommen.

Emma legte beruhigend ihre Hände auf die Schultern der Zwillinge, in der Hoffnung, ihnen dadurch ein klein wenig Sicherheit vermitteln zu können. Dankbar schauten sie zu Emma auf, doch Emma erkannte in den Blicken der Kinder, dass etwas in ihnen zerbrochen war.

Mike und Nancy waren zwar bisher nicht im Geringsten fürsorgliche und liebevolle Eltern gewesen, im Gegenteil, sie hatten die Kinder meist ignoriert, aber zu einem solchen Wutausbruch von Mike war es nie gekommen.

,,Kinder! Da seid ihr ja. Mein Gott, seid ihr in der letzten Zeit gewachsen!"

Frau Welker umarmte beide Kinder so herzlich, wie sie es von ihr gewohnt waren. Sofort überkam Vince das vertraute Gefühl, umsorgt zu sein und geliebt zu werden.

Dankbar für diese Zuneigung klammerten sich die Kinder an ihre ehemalige Heimleiterin, dankbar und hoffnungsvoll, endlich wieder bei ihr zu sein und vielleicht zu ihr zurückzukommen.

Der Vorfall mit Mike war schnell vergessen, als sich alle in den Salon begaben.

Nancy schwärmte in den höchsten Tönen von Vince und Lindsay, und als auch Frau Keller begann, die schulischen Leistungen der Kinder in den Himmel zu heben, verstanden Lindsay und Vince die Welt überhaupt nicht mehr.

Wie war das alles möglich? Warum um Himmels Willen wurden sie jetzt von ihrer Pflegemutter für ihr tadelloses Verhalten gelobt, obwohl Nancy das mitnichten einschätzen konnte? Sie sah die Kinder ja nicht mal besonders oft. Und Frau Keller, die besonders Lindsay ständig im Unterricht beschimpfte, hatte plötzlich nur noch gute Worte für sie übrig.

Auch Emma bekam beim Servieren des Kaffees einige Gesprächsfetzen mit. Doch anders als die Kinder wunderte sie sich nicht darüber, vielmehr beschlich sie eine unangenehme Vorahnung.

War es möglich, dass die Brunners und diese angeblich so tolle Lehrerin, die Emmas Meinung nach nicht die leiseste Ahnung von Pädagogik hatte, Frau Welker davon zu überzeugen versuchten, welch wunderbare Eltern und Erzieher sie waren, um die Kinder zu behalten?

Aber aus welchem Grund? Es war doch zu offensichtlich, dass sie überhaupt nicht mit diesen Kindern klarkamen, ja, nichts mit ihnen zu tun haben wollten! Und dann diese Gewaltaktion von Mike!

Sie musste unbedingt versuchen, mit Frau Welker zu sprechen, Emma wusste zwar nicht was, aber irgendetwas lief hier grundlegend schief!

„Ja, Frau Welker, wie Sie sehen, ist alles in bester Ordnung und wir sind sehr zufrieden. Nicht wahr, Kinder?" Nancy lächelte die Zwillinge voller Zuneigung an. Doch ihr Blick blieb warnend. Nichts daran verhieß etwas Gutes.

Lindsay nickte eingeschüchtert und auch Vince neigte den Kopf nur leicht.

,,Und deshalb haben wir auch eine Überraschung für euch, Kinder!"

Mike mischte sich jetzt in das Gespräch ein, was bisher sehr einseitig und ohne große Beteiligung von Frau Welker geführt worden war. Man hatte ein wenig das Gefühl, sie nicht zu Wort kommen lassen zu wollen, um nicht mit unangenehmen Fragen konfrontiert zu werden.

,,Wir werden bald in unser bescheidenes Chalet in der Schweiz fahren, um dort Urlaub zu machen. Es ist herrlich dort." Zustimmend nickte Nancy.

,,Wir werden wandern gehen und die Wälder erkunden und Frau Keller kommt natürlich auch mit, um euch zu unterrichten. Natürlich nicht so viel wie zu Hause, sonst wäre es ja kein Urlaub.", lachte Nancy den Zwillingen zu. Ihr war der erschrockene Blick der beiden nicht entgangen.

Offensichtlich wurden Vince und Lindsay von Frau Welker beobachtet. Auch ihr war nicht entgangen, dass sich die beiden bisher kein einziges Mal zu Wort gemeldet hatten, geschweige denn, von den Brunners dazu aufgefordert oder animiert worden zu sein. Im Ganzen kamen ihr die Zwillinge sehr ruhig vor. So kannte sie sie nicht. Vince war eigentlich ein kleiner Spitzbub, der die anderen Jungs im Heim oft zu allerlei Unfug angestiftet hatte. Und Lindsay war ein lustiges und redefreudiges Mädchen gewesen, das gerne half und mit anderen zusammen war.

Aber die Kinder, die jetzt vor ihr saßen, wirkten regelrecht eingeschüchtert.

Bevor Nancy Brunner das Wort wieder an sich reißen konnte, stand Frau Welker auf.

„Sehr verehrte Familie Brunner, Sie gestatten doch sicherlich, dass ich mich kurz mit Lindsay und Vince allein unterhalte. Wir haben uns zu lange nicht gesehen und ich würde gerne von ihnen wissen, wie ihnen ihr neues Zuhause gefällt. Deshalb bin ich ja schließlich hier. Wohin, gestatten Sie, kann ich mich mit den beiden zurückziehen?"

Etwas überfahren antwortete Nancy, dass sie gerne hinaus in den Garten gehen konnten. Vince ließ sich das nicht zweimal sagen und nahm Lindsay an die Hand. Höflich standen sie auf und gingen voraus in den Garten. Frau Welker folgte ihnen und Emma konnte sich ein kleines Lächeln nicht verkneifen. Frau Welker schien sich nicht so leicht von den Brunners beeindrucken zu lassen, das gefiel ihr. Sie konnte sehen, wie sich Nancy, Mike und Frau Keller achselzuckend ansahen.

Frau Welker war genau wie die Kinder begeistert von dem riesigen Grundstück. Es war tatsächlich ein Paradies für Kinder. Der parkähnlich angelegte Garten bot alles, was ein Kinderherz be-

gehrte. Sogar ein kleiner Teich, an dem sich die Kinder die Zeit vertreiben konnten, fehlte nicht.

Ein bisschen geriet sie ins Schwärmen. wenn sie mit all den Kindern aus dem Heim hier wohnen würde, wäre das wundervoll. Das Haus war bestimmt groß genug.

„Schauen Sie, hier am Teich spielen wir oft zusammen. Vince baut meist irgendwelche Boote und lässt sie dann fahren. Ich habe hier aus diesen Ästen ein kleines Nest gebaut, ist es nicht schön?"

Wie ausgewechselt und genau so, wie Frau Welker Lindsay kannte, zog sie sie aufgeregt zum Wasser.

Die Kleine war also doch noch die Alte, dachte sie, als sie sich hinunterbeugte, um sich Lindsays Werk anzuschauen.

Vince hingegen sprach noch immer nicht viel. Nach einer kleinen Weile und vielen Erklärungen Lindsays über die Vorzüge des Gartens setzten sich die drei zusammen auf die Bank.

„Es scheint euch hier ja wirklich gut zu gehen, ist das so?", fragte Frau Welker.

Beide Kinder nickten zurückhaltend.

„Ja, es ist toll hier, wir haben jede Menge Spielsachen und hier draußen viel Platz. Und wir haben uns.", antwortete Vince jetzt.

„Und wie findet ihr die Brunners? Behandeln sie euch gut? So wie es vorhin den Anschein hatte, sind sie mit euch ja sehr zufrieden."

Lindsay schaute zu Frau Welker auf.

„Ja, das sagten sie vorhin. Aber eigentlich sehen wir sie ganz selten, sie müssen viel arbeiten und Emma kümmert sich dann um uns. Sie ist wirklich nett. Und Frau Keller schimpft im Unterricht oft mit mir. Aber vielleicht muss ich auch nur ein bisschen mehr üben."

Versonnen schaute Lindsay zu den Bäumen hinauf.

„Hm, freut ihr euch denn auf den Urlaub in der Schweiz?", fragte Frau Welker nach.

„ Ich weiß nicht recht, es ist irgendwie schon überraschend.", antwortete Vince nach einer Weile.

„Wir haben sonst wirklich nicht viel mit den Brunners zu tun, dort wären wir dann die ganze Zeit mit ihnen zusammen."

„Aber Vince, vielleicht machen die Brunners diesen Urlaub genau aus diesem Grund mit euch. Sie wollen etwas mehr Zeit mit euch verbringen, weil sie sonst so viel arbeiten müssen."

Etwas ungläubig nickte Lindsay.

„Aber sonst schimpfen sie oft mit uns, obwohl wir gar nichts falsch gemacht haben. Wir sind wirk-

lich brav. Vince heckt ja nicht einmal mehr Strei-
che aus. Nicht wahr, Vince?"

Jetzt lachte Frau Welker.

"Also das ist ja nicht schlecht, manchmal waren deine Streiche auch ziemlich durchtrieben, klei-ner Mann. Die Brunners sind eben einfach etwas strenger mit euch als ich."

Lindsay wollte etwas entgegnen, doch sie konnte nicht. Sie brachte es nicht über die Lippen, Frau Welker von dem Vorfall an der Tür zu erzählen. Vielleicht klang es übertrieben, vielleicht sollte sie der Sache nicht so viel Beachtung schenken.

Vince sah zu seiner Schwester hinüber. Er wusste, was sie dachte, doch auch er wusste nicht, wie er Frau Welker genau erklären sollte, was da mit Mike Brunner passiert war, er verstand es ja selbst nicht.

Lindsay sah Emma auf die drei zulaufen. Sie sprang auf und Emma entgegen.

"Die Brunners bitten darum, wieder ins Haus zu kommen", sagte Emma, als sie an der Bank an-gekommen war.

"Tja, wir können gerne wieder hineingehen. Oder gibt es noch etwas zu besprechen, Kin-der?", fragte Frau Welker nach.

Entmutigt verneinten die Zwillinge. Wie sollten sie es Frau Welker auch erzählen, dass sie sich trotz allem unbehaglich fühlten in diesem wunderschönen Haus?

„Geht ruhig vor, ich möchte kurz noch mit Frau Welker sprechen, ja?“, meinte Emma.

Als die Kinder zurückliefen, atmete Emma tief durch und nahm neben Frau Welker auf der Bank Platz.

„Frau Welker, ich weiß nicht, wie ich anfangen soll. Ich möchte Sie gerne etwas fragen.“

„Aber bitte, fragen Sie. Ich hoffe, es hat nichts mit Vince und Lindsay zu tun, denn ich habe den Eindruck, dass es ihnen hier sehr gut geht.“

Emma wusste nicht, wie sie darauf reagieren sollte.

„Ja, ich denke schon, dass es ihnen gut geht. Ich kümmere mich um die Kinder. Das Ehepaar Brunner ist selten zu Hause. Sie verbringen wenig Zeit mit ihnen, aber den Kindern mangelt es an nichts.“

Außer an Liebe, die sie wirklich verdienen, dachte Emma.

„Deshalb wollen die Brunners wohl auch jetzt mit ihnen in den Urlaub fahren. Das finde ich sehr gut. So können sie Zeit miteinander verbringen und sich aneinander gewöhnen.“, entgegnete Frau Welker.

Emma nickte zustimmend, wobei sie sich dessen nicht sicher war. Sie konnte sich beim besten Willen nicht vorstellen, dass Mike und Nancy Interesse daran hatten, sich mit den Kindern zu beschäftigen. Sie hatten es auch damals mit Simon nicht getan.

,,Frau Welker, Sie überprüfen doch sicher im Vorfeld alle möglichen Adoptiveltern genau. Sie wissen doch beispielsweise auch, ob potentielle Eltern bereits Kinder haben oder schon einmal Kinder adoptiert haben oder zur Pflege hatten, nicht wahr?"

Ungläubig schaute Frau Welker zu Emma hinüber.

,,Ich verstehe Ihre Frage nicht ganz. Natürlich werden alle Eltern genauestens überprüft. Das Prozedere ist ziemlich aufwändig. Und auch, wenn die Kinder vermittelt wurden, heißt es noch nicht, dass die Adoption letztendlich vollzogen wird. Es erfolgen immer wieder Überprüfungen durch unsere Mitarbeiter. So wie ich das jetzt tue."

,,Bitte entschuldigen Sie, ich zweifele nicht an Ihrer Arbeit! Mitnichten. Aber ich wüsste gerne, warum gerade die Brunners ausgewählt wurden, um die Zwillinge in Pflege zu nehmen.", traute sich Emma einen Schritt weiter.

Entrüstet stand Frau Welker auf.

„Aber ich bitte Sie, Sie müssten die beiden doch besser kennen als jeder andere! Nancy und Mike sind nicht mit eigenen Kindern gesegnet worden und erfüllen nicht zuletzt durch ihre gesellschaftliche Stellung eine der wichtigsten Voraussetzungen als Pflege-oder Adoptiveltern. Ich verstehe Sie nicht!"

„Bitte, Frau Welker, ich wollte Sie nicht verärgern. Es ist nur so, dass die Brunners vor einigen Jahren offensichtlich nicht mit der Pflegschaft zurecht gekommen sind und der Junge jetzt bei der Schwester von Frau Brunner lebt. Ich verstehe deshalb nicht, warum sie nun gleich zwei Kinder aufgenommen haben."

„Was?" Frau Welker stand der Schock ins Gesicht geschrieben.

„Welcher Junge?"

Gerade als Emma antworten wollte, hallte ein lauter Ruf durch den Garten.

„Emma! Kommen Sie!"

Mikes Stimme klang bestimmt und Emmas sofortiges Erscheinen duldete demnach keinen Aufschub.

Sie fing Frau Welkers erstarrten Blick auf.

„Simon Müller hieß der Junge. Ich habe ihn genauso betreut wie Lindsay und Vince. Bitte entschuldigen Sie, ich muss gehen."

Emma wandte sich ab und lief schnell zurück zum Haus.

„Aber...?", brachte Frau Welker heraus, doch Emma war bereits zu weit weg.

Was hatte diese Frau gesagt? Von welchem Jungen sprach sie? Simon Müller?

Sie wusste nichts davon, dass die Brunners schon einmal ein Kind zur Pflege hatten. Der Name des Jungen kam ihr auch nicht bekannt vor. Sie sind doch zu mehreren Gesprächen im Kinderheim gewesen, hatten all die Bürokratie über sich ergehen lassen und auch die interne Überprüfung des Ehepaares war überaus positiv ausgefallen. Doch eine zurückliegende Pflegschaft war ihr nicht bekannt. In keiner der unzähligen Akten tauchte diese Pflegschaft auf. Das war unmöglich! Konnte es sein, dass diese Emma sich nur wichtigmachen wollte oder einfach Unruhe stiften wollte? Andererseits war ihr auch gleich zu Beginn ihres Besuches aufgefallen, dass sich die Zwillinge sehr verändert hatten und auch das Gespräch mit ihnen war anders verlaufen, als sie erwartete hatte. Natürlich bestand tatsächlich die Möglichkeit, dass das Ehepaar Brunner die Kinder etwas strenger erziehen wollte und durch ihre Arbeit nicht immer genug Zeit hatten, aber die Zweifel, die Emma gestreut hatte, ließen sie nicht mehr los.

Sie musste unbedingt noch einmal das Gespräch mit den Eheleuten suchen, geschickt nachfragen, ob an dieser Sache mit dem Jungen etwas dran war. Es wäre ein Skandal für sie als Heimleiterin und die Behörden!

Schnell ging Frau Welker zum Haus zurück.

Schon im Foyer kam ihr Mike Brunner entgegen.

„Frau Welker, es tut mir Leid, aber wir müssen Sie verabschieden. Meine Frau und ich haben noch einen wichtigen Geschäftstermin, Sie verstehen das sicher."

Mike streckte ihr die Hand entgegen.

„Sicher, aber ich müsste noch einmal mit Ihnen und Ihrer Frau reden."

„Aber natürlich. Bitte melden Sie sich noch einmal telefonisch und vereinbaren einen neuen Termin. Auf Wiedersehen."

Mike legte sanft die Hand auf ihren Rücken und begleitete sie zur Tür.

„Ich würde mich gerne noch von den Kindern verabschieden, Herr Brunner.", sagte Frau Welker und blieb abrupt stehen.

Irritiert sah Mike zu ihr hinunter.

„Sie sind im Unterricht. Es tut mir Leid. Wir sollten sie nicht stören."

Mike schob sie regelrecht zur Tür.

137

„In Ordnung, ich werde mich heute Abend noch einmal telefonisch melden. Richten Sie bitte meine Grüße aus."

Mike nickte. „Bitte entschuldigen Sie mich jetzt."

Die Tür fiel hinter Frau Welker ins Schloss.

Verwirrt blickte sie sich um. War sie gerade hinausgeworfen worden? Ein bisher unbekanntes und sehr unangenehmes Gefühl ergriff plötzlich Besitz von ihr.

Etwas stimmte hier nicht. Sie musste unbedingt schnell wieder hierher kommen und der Sache auf den Grund gehen. Vorher würde sie mit allen ihr zur Verfügung stehenden Mitteln recherchieren, was es möglicherweise mit der Haushälterin auf sich hatte oder mit dem, was sie gesagt hatte.

Als Frau Welker langsam die Auffahrt hinunterging, wurde sie zufällig von Vince von seinem Fenster aus beobachtet. Er war mit Lindsay aufs Zimmer geschickt worden.

Wieso ging Frau Welker schon wieder?

Er riss die Balkontür auf, um ihr nachzurufen.

Doch als er draußen stand, stieg Frau Welker gerade in den Wagen.

Er rief, doch sie hörte ihn nicht mehr. Lindsay war inzwischen auch auf dem Balkon.

Die Kinder winkten dem abfahrenden Wagen hinterher.

Frau Welker hatte die Kinder kurz winken sehen. Ein kleines Lächeln huschte über ihr Gesicht. Hatten sie ihren Unterricht doch unterbrochen, um sich kurz zu verabschieden.

Dass dem nicht so war, konnte sie nicht ahnen.

Die Tür von Vince' Zimmer wurde aufgestoßen.

„Packt eure Sachen, wir fahren in zwei Stunden!", brüllte Mike und warf die Tür wieder zu.

Eingeschüchtert sahen sich die Kinder an.

Lindsay fiel weinend in Vince' Arme.

„Ich will nicht mit ihnen wegfahren."

Tröstend strich Vince über Lindsays Haare.

„Ich bin doch bei dir. Wir passen aufeinander auf, Li."

Im Untergeschoss der Villa spielte sich unterdessen eine andere Szene ab.

Nancy stand Emma gegenüber. Mit hasserfülltem Blick erklärte Nancy das Dienstverhältnis für beendet.

Emma blieb nicht einmal eine Stunde Zeit, das Haus zu verlassen.

Frau Welker und Emma sahen die Kinder an diesem Nachmittag das letzte Mal.

20

Der Termin mit Kirsten verlief ganz und gar nicht, wie erwartet.

Vince saß einer aufrichtigen jungen Frau gegenüber, die sich ihrer Tat voll bewusst war.

Kirsten hatte nichts gemein mit anderen Frauen, die gedemütigt und verletzt worden waren. Sie war weder eingeschüchtert noch in sich gekehrt. Im Gegenteil. Sie war gefestigt und bei klarem Verstand.

„Mr Walthers, ich würde es jederzeit wieder tun! Dieses Schwein hatte es nicht anders verdient. Er hat sich an meinem kleinen Bruder vergangen und niemand außer mir hat etwas dagegen unternommen!"

Nach und nach kam Vince der Geschichte auf die Spur.

Das Mordopfer in diesem Fall war der Stiefvater von Kirsten. Nachdem die Mutter an einer Überdosis gestorben war, blieb nur noch Kirsten, die Familie mit ihrem Job als Kellnerin über Wasser zu halten. Eigentlich war es auch schon so gewesen, als ihre Mutter noch lebte. Denn das Geld, das sie als Prostituierte verdiente, brauchte sie für Drogen.

Der Stiefvater, ebenfalls ein Junkie, saß den ganzen Tag vor dem Fernseher, wenn er nicht gerade schlief, anstatt sich um Jason, Kirstens kleinen Bruder, zu kümmern.

Vince wollte von Kirsten wissen, wie es zu dem Todesfall gekommen war. Er brauchte sie nicht zu drängen, sie begann sofort zu erzählen. Sie war froh darüber, ihren Bruder von diesem Monster befreit zu haben.

Als Kirsten eines Abends von der Schicht nach Hause kam, fand sie ihren Bruder halbnackt, blutüberströmt und bewusstlos im Wohnzimmer vor.

Kirstens Schreie durchdrangen den gesamten Häuserblock. Sie rief nach ihrem Stiefvater, doch sie erhielt keine Antwort.

So schnell sie konnte, nahm sie ihren 7- jährigen Bruder auf den Arm, rannte mit ihm vors Haus und stieg in das nächste Taxi ein.

In der Notaufnahme des Krankenhauses wurde ihr Jason sofort entrissen und in den OP gebracht.

Eine Ewigkeit wartete Kirsten zitternd auf dem Flur. Als sie kurz eingeschlafen war, schreckte sie plötzlich hoch. Vor ihr stand ein junger Arzt, der sie verständnisvoll ansah.

„Ihr Bruder ist über den Berg, Ms Donald. Aber ich muss Ihnen sagen, dass er mehrfach vergewaltigt wurde."

An diese Worte erinnerte sich Kirsten genau. Wie in Trance verließ sie das Krankenhaus. Lange lief sie durch die Straßen, bis sie schließlich zu Hause ankam.

Sie stieg die Treppen zur Wohnung hinauf, schloss die Tür auf und konnte die Anwesenheit ihres Stiefvaters bereits riechen.

Ihr war speiübel, aber ihr Entschluss stand fest.

Sie fand ihn schlafend im Badezimmer liegend, neben sich eine blutige Spritze. Er musste sich gerade einen Schuss gesetzt haben. Kirsten zerrte seinen Kopf nach oben, schrie ihn so lange an, bis er langsam zu sich kam.

„Was hast du Schwein mit meinem Bruder gemacht, ich will es wissen!"

Kirstens Stiefvater brachte kaum zusammenhängende Worte heraus, aber sein hämisches Lachen ließ Kirstens Hirn für einen Moment aussetzten. Er sollte dafür bezahlen, was er Jason angetan hatte.

„Was hast du getan?"

„Du kleine Hure, ich kann mit diesem kleinen Bastard machen, was ich will!"

Das war einfach zu viel für Kirsten. Ihr Stiefvater erbrach und lachte auch noch darüber. Er war vollkommen high.

Kirsten schlug seinen Kopf so lange auf den Boden, bis sein Lachen erstarb.

Mechanisch zog sie sich um, schloss die Tür hinter sich und lief ins Krankenhaus zurück.

Erst nach einigen Stunden wurde sie von einer Schwester angesprochen. Sie wurde zu Jason ins Zimmer gelassen. Er lag schlafend in seinem Bett und sah dabei so lieb und wunderschön aus. Kirsten liebte dieses kleine Wesen von ganzem Herzen. Sie würde ihn beschützen. Wenn er wieder gesund war, würden sie es gemeinsam aus der Gosse schaffen.

Als der Arzt ins Zimmer kam, um nach Jason zu sehen, fand Kirsten endlich ihre Stimme wieder.

„Wie lange dauert es, bis ich Jason mitnehmen kann, Herr Doktor, wir müssen weg. Ganz schnell!", hatte sie dem Arzt damals gesagt.

Als dieser nur den Kopf schüttelte, brach Kirsten zusammen.

All der Schmerz der letzten Jahre, diese verfluchten Drogen, die ihre einst liebevolle Mutter zu einem vollkommen anderen Menschen gemacht hatten, die harte Arbeit, um die Familie und vor allem ihrem Bruder ein anderes Leben zu ermöglichen, dieser Mann, ihr Stiefvater, der seinen eigenen Sohn vergewaltigt hatte…all das überflutete Kirsten mit einem Mal so überraschend, dass sie in dieser riesigen Welle zu ertrinken drohte.

„Ich habe ihn umgebracht, Doktor. Ich habe den Mann, der Jason das angetan hat, umgebracht!", sagte Kirsten.

„An alles, was danach geschah, kann ich mich nicht mehr erinnern, Mr Walthers. Ich war irgendwann in Haft und man sagte mir, dass Jason in einer Pflegeeinrichtung wäre und es ihm gut ginge."

Vince konnte nicht antworten.

„Ich würde es immer wieder tun."

Kirsten hielt dem Blick von Vince stand.

„Bitte sagen Sie mir nur, wie es Jason geht, sorgen Sie dafür, dass es ihm gut geht."

Von Kirstens anfänglicher Härte war nichts mehr zu spüren. Vince verstand sie. Er verstand jeden einzelnen Schritt ihrer Tat und der ganzen Geschichte.

Kirsten Donald hatte genau das getan, wozu er nicht fähig gewesen war. Vince' Unterbewusstsein drohte ihn zu überwältigen, seine Wut und Angst auf diesen Fall zu übertragen.

Das durfte nicht passieren.

„Kirsten, ich würde Ihren Fall gerne übernehmen, wenn Sie das wünschen."

„Wissen Sie, das ist mir eigentlich gleich. Ich werde für den Mord an diesem Monster bezahlen müssen, so oder so. Aber ich bin einverstanden, solange Sie mir versprechen, mich über Jason auf dem Laufenden zu halten."

Kirsten schaute flehend zu Vince auf. Er sah die junge, verängstigte und leid geplagte Frau vor sich, die Kirsten war. Nicht die Mörderin eines elenden Junkies, die keine Reue kannte.

Vince stand auf, um den Raum zu verlassen. Er musste erst einmal raus hier. Zu viel stürzte über ihn herein. Er musste die Eindrücke von Kirstens Geschichte erst verarbeiten. Und er musste unbedingt nach Hause zu seiner Familie. Zu Debbie. Er brauchte sie jetzt. Gerade jetzt musste er unbedingt ihre Liebe spüren, die seiner Töchter, er musste spüren, dass er nicht mehr in der Vergangenheit war, sondern in der Gegenwart.

„Ms Donald, ich melde mich bei Ihnen und werde alles tun, was ich kann, das verspreche ich Ihnen."

„Danke, Sie sind ein guter Mensch, Mr Walthers."

21

Spät am Abend kam Vince endlich nach Hause. Den ganzen Nachmittag hatte er im Büro verbracht und an dem Fall Kirsten Donald gearbeitet. Die Fakten zum Mord an ihrem Stiefvater waren nicht eindeutig. Es fehlten ärztliche Unterlagen und als Todesursache wurde eine Schädelfraktur angegeben.

Das war auch das, was Kirsten ausgesagt hatte, nur wurde das in keiner Akte erwähnt und auch nicht, dass Drogen im Spiel gewesen waren.

Nach fast einem Jahr war es schwierig für Vince, die Akte aufzuarbeiten. Er hatte bereits einen Termin mit der Klinik vereinbart, in die der Stiefvater von Kirsten damals gebracht worden war.

Vince konnte sich die ungeklärte Sachlage nur so erklären, dass es für die Behörden wenig Sinn gemacht hatte, den Fall gründlich genug zu untersuchen. Sie hatten ein Opfer und einen Täter mit umfangreichem Geständnis und Motiv.

Fall gelöst.

Nicht für Vince. Er glaubte Kirsten und konnte ihre Tat nur zu gut nachvollziehen. Er musste ihr helfen, es zumindest versuchen. Es musste eine

Möglichkeit geben. Debbie setzte sich neben ihren Mann, als die Kinder im Bett waren.

„Wie geht es dir, mein Schatz?"

Entspannt legte Vince den Kopf auf Debbies Schulter und genoss ihre Nähe.

Seufzend erzählte er Debbie von Kirsten und seiner fast zwanghaften Bemühung herauszufinden, wie er ihr und ihrem kleinen Bruder helfen konnte.

Debbie spürte, wie Vince sich wieder von seinem eigenen Schmerz einfangen ließ, wie er immer mehr darin versank.

Vince versuchte unbewusst, durch das förmliche Aufsaugen der Schicksale und Schmerzen anderer seine eigene Vergangenheit zu bewältigen, sich vor sich selbst zu rechtfertigen, damals nicht genauso gehandelt zu haben, wie beispielsweise Kirsten Donald.

Er konnte nichts dagegen tun, es war ihm schon oft so gegangen, aber der Umstand, dass es nun nur noch wenige Tage bis zu seinem Geburtstag waren, machte es ihm nicht leichter.

„Vince, ich weiß, du hörst das nicht gerne, aber ich kann mir das nicht mehr mit anschauen. Ich weiß, warum du diesen Job hast, warum du jedes Mal so reagierst, wie du es tust, aber es ist nicht gut für dich. Du brauchst Hilfe, du solltest endlich beginnen, deiner Seele eine Chance auf Heilung zu geben!"

Vince sah zu seiner Frau auf.

„Ich weiß, du hast Recht. Ich werde es schaffen und ich verspreche dir, mir Hilfe zu holen, wenn ich den Fall abgeschlossen habe.", und meinen Geburtstag hinter mir habe, dachte er.

Kurzerhand schnappte er sich seine Frau, die lustvoll aufschrie und trug sie ins gemeinsame Schlafzimmer.

„Lass uns jetzt einfach nur noch an uns denken, ja?", flüsterte Vince Debbie ins Ohr.

Nur zu gerne stimmte sie zu und ließ sich von Vince in die so vertraute und erfüllende Welt der zärtlichen Sehnsucht nacheinander entführen.

Diese bedingungslose Liebe zu Debbie und zu seinen Kindern war für Vince das vollkommene Glück und ließ ihn das Leben annehmen, so wundervoll es war, wie er es sich für sich und Lindsay immer gewünscht und bei Gott verdient hatte.

Langsam und mit unheimlicher Zartheit erkundete er den Körper seiner wunderschönen Frau, strich behutsam über ihren Hals und Nacken. Wohlig erschauerte sie unter seinen Berührungen. Dunkles Verlangen lag in Vince' Augen.

Sein Mund fand ihre vollen Lippen, küsste sie erst vorsichtig, dann immer sehnsüchtiger, bis sie sich schließlich förmlich verschlangen.

Sie rissen sich die wenigen Kleidungsstücke von ihren brennenden Körpern.

Vince konnte seine Erregung nicht mehr zügeln, nicht mehr warten, Debbie überall zu berühren und zu spüren.

Debbie zog Vince so nah an sich, wie es nur ging, und doch war es nicht genug. Sie wollte ihn halten, beschützen und in sich aufnehmen, so tief mit ihm verbunden sein, dass es nicht mehr möglich war, sich loszulassen.

Ihre Hände vergruben sich in seinen Haaren, während seine Zunge fordernd heiße Spuren auf ihrer Brust hinterließ, an jeder vorwitzigen Spitze saugte, bis Debbie langsam den Verstand verlor und sie nur noch fühlte, wie er sie unaufhaltsam dem Höhepunkt entgegentrieb. Keiner der beiden war fähig, sein Verlangen zu zügeln und so verschmolzen sie miteinander in einer glühend heißen Trance, um gemeinsam über die so wundervolle Klippe der Lust zu springen.

22

Lindsay und Vince saßen neben ihren gepackten Koffern auf dem Bett, als die Tür des Zimmers aufgestoßen wurde. Erschrocken schauten beide auf.

Nancy kam herein und schaute sich um.

„Ihr seid fertig, hoffe ich?"

Die Kinder nickten nur.

„Wir brechen auf, ich erwarte euch in 20 Minuten an der Garage."

Als sie sich schon zum Gehen wandte, stand Vince auf.

„Kommt Emma auch mit?"

„Nein!", war die sofortige Antwort.

„Und Frau Welker? Warum ist sie schon gefahren? Wir haben uns gar nicht verabschiedet."

„Du stellst ziemlich viele Fragen, Junge. Diese Frau Welker wird schon noch einmal herkommen und Emma hat ab heute Urlaub. Sie dürfte bereits auf dem Heimweg sein. Aber ich habe noch eine Überraschung für euch: Frau Keller kommt mit!"

Nancys hinterhältiges Grinsen ließ die Kinder bis ins Mark erschaudern.

Elegant drehte sie sich um und verließ den Raum.

Fassungslos sahen sich die Zwillinge an.

„Nicht einmal Emma hat sich von uns verabschiedet, das sieht ihr gar nicht ähnlich! Und Frau Welker? Das ist doch total komisch.", meinte Lindsay.

Ja, das war es und mehr als das. Vince' Verstand begann sich mit allen Mitteln gegen diese Reise zu sträuben, sein Magen rumorte und sein Kopf begann zu schmerzen.

Das konnte doch nicht gut sein, mit drei Erwachsenen, die Lindsay und ihn offensichtlich nicht mochten, in den Urlaub zu fahren,

Kreidebleich ließ sich Lindsay wieder aufs Bett fallen.

„Vince, mir ist schlecht. Ich will nicht in die Schweiz fahren, bitte."

Leise begann Lindsay zu weinen und auch Vince konnte seine Tränen nur mühsam zurückhalten. Er war ihr Bruder und musste stark bleiben, ihr gut zureden, dass es bestimmt trotzdem ein schöner Urlaub werden würde.

„Schau einmal, wir fahren in ein Chalet und es steht mitten im Wald. Wir werden die ganze Zeit draußen verbringen, wir beide, wir werden kaum merken, dass die Brunners und die Keller da sind. Was meinst du?"

151

Lindsay stieß hörbar die Luft aus und stand auf.

Als beide den unteren Treppenabsatz erreicht hatten, kam Mike ihnen entgegen.

Sein zorniger Blick verhieß nichts Gutes und so beeilten sich die Zwillinge, zum Wagen zu kommen.

Kaum zwei Minuten später stand Nancy neben ihnen.

„Ihr beide seht ja ganz blass aus. Nehmt diese Tropfen gegen Reiseübelkeit, wir haben eine lange Fahrt vor uns."

Sie gab zuerst Lindsay die Tropfen.

„Nein, ich möchte nicht, mir wird nicht übel.", gab Lindsay zu bedenken.

„Du tust, was ich dir sage! Nimm diese Tropfen und widersprich nicht, du Göre."

Erschrocken trank Lindsay und gab das Medikament Vince.

In ihm sträubte sich alles. Er wollte nicht, genauso wie Lindsay, doch der eindringlich böse Blick dieser Frau duldete kein Nein.

Langsam trank auch Vince von den Tropfen.

Es kam ihm nicht nur seltsam vor, dass sie gezwungen wurden, etwas gegen Reiseübelkeit einzunehmen, obwohl sie das eigentlich nicht brauchten, er fühlte sich auch seltsam.

Gemeinsam mit Lindsay stieg er ins Auto. Als er sich zu seiner Schwester umdrehte, bemerkte er, dass ihr Blick glasig war. Sie schien plötzlich sehr müde zu sein und nur einen Augenblick später schlief sie.

Das war kein Medikament gegen Übelkeit, sie haben uns ein Schlafmittel gegeben, dachte Vince noch und kämpfte vehement dagegen an, nicht auch einzuschlafen, aber vergebens.

Als er die Augen wieder öffnete, befanden sie sich inmitten eines wunderschönen Tales. Rechts und links stiegen steile Felsen auf, die teilweise mit majestätischen Nadelbäumen bewachsen waren.

Sie hatten die Schweiz wohl schon erreicht, die traumhafte Landschaft erinnerte ihn an einen Ausflug mit den Kindern des Heimes in die Schweiz vor ungefähr drei Jahren.

Sein Kopf schmerzte ein wenig und ihm war übel. Er musste eingeschlafen sein, denn er erinnerte sich nicht, etwas Schlechtes gegessen zu haben.

Plötzlich fiel es ihm wieder ein! Nancy hatte ihnen Tropfen gegeben. Wut stieg in ihm auf und er griff sofort hinüber zu seiner Schwester.

Lindsay hatte noch immer die Augen geschlossen.

„Bist du wach? Ich wollte dich nicht stören, Vince, aber mir ist nicht gut."

Vince beugte sich zu ihr hinüber.

„Li, das waren keine Reisemedikamente, es muss etwas anderes gewesen sein. Wir haben geschlafen die ganze Zeit." Mit einem Blick auf seine Uhr bemerkte er, dass bereits sechs Stunden vergangen sein mussten.

„Schau, es sieht so aus, als wären wir schon da. Wo auch immer. Li, da stimmt was nicht, wir müssen hier irgendwie weg!"

Lindsay brachte nur ein müdes Nicken zustande.

Mike und Nancy saßen vorn in dem großen Geländewagen und konnten die Kinder nicht hören. Eine Trennwand schirmte sie ab.

„Li, wir müssen uns etwas überlegen. Vielleicht können wir davonlaufen, sobald der Wagen hält. Wir tun so, als würden wir noch schlafen und laufen dann weg, ja?"

Langsam drehte sich Lindsay zu ihrem Bruder um.

Sie war aschfahl, ihre Augen waren gerötet. Ihre kleine Hand zitterte, als sie nach Vince griff.

„Vince, wir wissen doch gar nicht, wo wir sind. Wo sollen wir denn hin, wenn wir es tatsächlich schaffen sollten wegzulaufen?"

Mist, sie hatte Recht! Er hatte, seit er wach war, noch kein einziges Haus gesehen, in das sie vielleicht fliehen konnten.

154

Eine Welle von unbändiger Wut übermannte ihn. Trotzig, hilflos und mit zusammengepressten Lippen flüsterte er: „Wir müssen es verdammt noch mal versuchen. Ich weiß nicht, was diese beiden da vorne mit uns vorhaben, aber etwas Gutes ist es nicht, Li!"

Lindsays Kopf sank auf Vince' Schulter und ihre Augen fielen wieder zu.

Ich werde diese beiden umbringen, wenn es Li nicht bald besser geht, dachte Vince.

Doch selbst, wenn das möglich gewesen wäre, er war gar nicht in der Lage. Sein Herz raste und ihm stand vor Übelkeit der kalte Schweiß auf der Stirn. Mit all seiner verbliebenen Kraft drückte er Lindsay fest an sich und wurde Augenblicke später erneut in einen unruhigen Schlaf gezogen.

23

Vince schreckte aus dem Schlaf.

Debbie schlief ruhig neben ihm. Sie hatte ein entspanntes Lächeln auf den Lippen. Es sah so aus, als träumte sie noch von den vorausgegangenen lustvollen Stunden. Anders als Vince, der, wie unzählige Male vorher, wieder von den letzten Tagen und Stunden mit Lindsay geträumt hatte. Er konnte seine Erinnerungen nicht verdrängen, wie jedes Jahr an ihrem gemeinsamen Geburtstag.

In diesem Jahr sollten sie 41 Jahre alt werden, doch dieser Tag war vor 30 Jahren zum schwärzesten Tag in Vince' Leben geworden, zu Lindsays Todestag.

Mühsam versuchte Vince aufzustehen, um sich abzulenken. Er musste es schaffen, für seine Familie. Er würde mit ihnen feiern, sein Glück annehmen und im Stillen seiner Schwester gedenken. Er würde nicht, wie im letzten Jahr, seine Party verlassen, weil er es nicht ertragen konnte, allein, ohne Lindsay zu sein. Seine tiefe und starke Verbindung zu seiner Zwillingsschwester hatte in all den Jahren nicht nachgelassen, obwohl sie schon so lange nicht mehr bei ihm war.

Damals war diese innige Verbundenheit für die Geschwister eine Selbstverständlichkeit gewesen, doch heute vermochte es Vince nicht mehr zu verstehen. Warum ließen die Schmerzen nach der langen Zeit nicht nach? Warum spürte er noch immer ihre Seele? Warum ließ sie seine nicht los?

In Gedanken ging Vince in die Küche, um den Tag mit einem starken Kaffee zu beginnen. Noch ein Tag bis zum Fest, aber heute hatte er noch einige Dinge im Büro abzuklären, was Kirstens Akte betraf. Es war also wichtig, vollkommen konzentriert zu sein. Für Kirsten und natürlich für sich selbst.

Langsam glitten schlanke Hände seinen Rücken entlang, um dann beruhigend auf seiner Brust zu ruhen. Vince erschrak nicht, vielmehr wurde er von einem Gefühl der Vertrautheit übermannt, das ihn unverzüglich zur Ruhe kommen ließ. Er griff nach Debbies Händen und ließ den Kopf nach hinten sinken.

„Es ist okay, Schatz. Es ist alles gut, ich bin bei dir!", flüsterte sie leise.

Tief ein- und wieder ausatmend drehte er sich zu seiner faszinierenden Frau um.

„Danke, mein Engel."

Mit geschlossenen Augen suchte er Debbies Lippen und verlor sich in einem Kuss vollkommener Liebe.

Jäh wurden die beiden unterbrochen, als das kleine Energiebündel Dana in die Küche stürmte.

„Mum! Dad! Ellen ist so doof, sie nimmt mir ständig mein Kuscheltier weg!"

Lächelnd lösten sie sich voneinander.

Vince nahm Dana auf den Arm.

„Na los, dann lass uns deine Schwester mal ärgern gehen."

Die Kleine quietschte vor Vergnügen und Vince ging mit ihr nach oben.

Debbie sah gerade ihre Emails durch, als es an der Tür zu ihrem Büro klopfte.

Es war Kendra, die ihr mitteilte, dass Mr Blake im Vorzimmer saß.

„Hast du Zeit für ihn oder soll ich ihm einen anderen Termin geben?"

Erstaunt über das plötzliche Erscheinen Mr Blakes wies Debbie Kendra an, ihn einen Moment warten zu lassen.

„Ich bitte ihn gleich herein, ich bin hier gleich fertig, ja?"

„Aber gerne, Debbie.", gab Kendra zurück und schloss die Tür.

Na, so etwas. Damit hätte Debbie nicht gerechnet. Vielmehr hatte sie erwartet, dass sie Robert Blake noch mal kontaktieren müsste, um die Veröffentlichung des Buches seiner Frau zu besprechen.

Sobald Debbie ihre anderen Aufgaben erledigt hatte, ging sie hinaus, um Robert zu begrüßen.

„Mr Blake, was für eine Überraschung! Kommen Sie bitte herein."

Ohne ein Wort, aber mit einem festen Händedruck begrüßte Robert Debbie.

„Sie wundern sich sicher, dass ich unangemeldet bei Ihnen auftauche, aber es gibt unerwartete Neuigkeiten.", sagte Robert.

„Dann bitte, spannen Sie mich nicht länger auf die Folter!", entgegnete Debbie neugierig.

Robert erzählte Debbie, dass er sich in den letzten Tagen mehrfach mit Miranda über die Art der Veröffentlichung ihres Manuskriptes unterhalten hatte. Zunächst, meinte Robert, habe sie wie zuvor darauf bestanden, komplett im Hintergrund zu bleiben. Wenn das nicht möglich wäre, würde sie ihr Buch zurückziehen.

„Miranda fand es anfangs sogar recht unerhört, dass Sie, liebe Debbie, darauf gedrängt haben, sie kennen zu lernen und somit in die Öffentlichkeit zu bringen."

Ein leichtes Lächeln breitete sich auf Roberts sonst so ernstem Gesicht aus.

Etwas beunruhigt hörte Debbie weiter zu. Sie wollte Miranda natürlich nicht zu nahe treten, aber sie fand sie einfach allein durch das Lesen ihres Manuskriptes so faszinierend, dass sie sie gerne kennen lernen würde. Einmal abgesehen davon, dass eine Vermarktung dadurch natürlich auch erheblich einfacher wäre.

Wobei, ging es Debbie gerade durch den Kopf, wenn wir ein Mysterium um Miranda aufbauen würden, wäre es vielleicht auch nicht schlecht. Von ihren Gedanken abgelenkt, überhörte Debbie Robert.

„Debbie? Haben Sie mich verstanden?"

Erstaunt blickte Debbie auf.

„Mr Blake, entschuldigen Sie, ich war in Gedanken. Es tut mir wirklich Leid. Was sagten Sie?"

Robert legte seinen Kopf etwas schief und beobachtete Debbie. Sie war eine sehr emotionale Frau. Sie würde sich wunderbar mit Miranda verstehen, dachte Robert.

„Ich sagte, Miranda möchte Sie gerne kennen lernen."

Überrascht schaute Debbie in die Augen dieses attraktiven Mannes.

„Sie möchte sich ein Bild von Ihnen persönlich und von Ihren beruflichen Fähigkeiten machen, um sich dann zu entscheiden, wie es weitergehen soll."

Debbie begann zu lächeln.

„Ich kann Ihnen gar nicht sagen, wie viel mir das bedeutet. Es freut mich wirklich sehr, sie kennen zu lernen. Ich bin dennoch überrascht. Wie haben Sie sie überreden können?"

Wieder musterte Robert Debbie eine Weile.

„Ich habe ihr einfach erzählt, wie ich Sie als Mensch einschätze, habe von unseren Gesprächen berichtet und davon, was ich fühle, wenn wir miteinander reden."

Debbie zog die Braue hoch.

„Keine Sorge, Debbie, so meine ich das nicht.", winkte Robert belustigt ab.

„Ich fühle einfach, dass Sie ein extrem emotionaler Mensch sind, den andere aus innerer Überzeugung heraus interessieren und faszinieren, und dass Sie jedem, der Ihre Hilfe nötig hat, zur Seite stehen würden. Sie sind Miranda sehr ähnlich."

Irgendwie fühlte sich Debbie geschmeichelt, wobei sich die gerade beschriebenen Eigenschaften ihrer Person auch schon des Öfteren als Nachteil erwiesen hatten.

Gerade im Beruf fiel ihr ihr einfühlsames Wesen manchmal auf die Füße und schränkte ihre Objektivität ein. Einige ihrer Klienten hatten das in der Vergangenheit schamlos ausgenutzt. Aber aus Fehlern lernt man ja bekanntlich.

„Robert, ich danke Ihnen. Ich bin überwältigt und freue mich sehr auf unser Treffen mit Miranda. Meinen Sie, wir könnten für nächste Woche einen Termin vereinbaren? Ich habe ein paar freie Tage, um den Geburtstag meines Mannes vorzubereiten."

Debbie hoffte inständig, dass es sich Miranda bis dahin nicht anders überlegte.

„Gerne. Dann bleibt mir nur noch, Ihnen und Ihrer Familie eine wunderbare Feier zu wünschen."

Robert erhob sich und gab Debbie die Hand.

„Bis nächste Woche dann, bitte lassen Sie sich von Kendra einen Termin geben, ja? Und bitte richten Sie Ihrer Frau herzliche Grüße und meinen Dank aus."

„Natürlich, Debbie."

Als Robert das Büro verlassen hatte, sank Debbie in ihren Stuhl. Damit hatte sie überhaupt nicht gerechnet und war jetzt umso aufgeregter.

Sie musste unbedingt Vince davon erzählen, wenn sie nach Hause kam.

Der Termin im Krankenhaus lief für Vince besser als erwartet. Er hatte die Möglichkeit, mit dem Arzt zu sprechen, der Jason nach der Misshandlung durch seinen Vater untersucht hatte. Vince bekam alle Unterlagen zu sehen, in denen durch eine spätere Untersuchung des Vaters auch klar beschrieben war, dass nur er Jason vergewaltigt und somit verletzt haben konnte.

„Mr Walthers, ich bin ganz ehrlich zu Ihnen, ich hätte an der Stelle von Kirsten Donald nicht anders gehandelt. Ich hoffe nur, Sie können ihr und ihrem Bruder helfen und die Sache für beide erträglich machen", wandte sich der Arzt an Vince.

„Ich werde alles Menschenmögliche versuchen. Sie stehen also für eine Aussage vor Gericht zur Verfügung?"

„Selbstverständlich, Mr Walthers!"

In der Gerichtsmedizin der Klinik allerdings erhielt Vince den ausschlaggebenden Hinweis.

Dr. Gibson erklärte Vince, dass er vor ca. einem halben Jahr von der Polizei angewiesen worden war, die Obduktion von Kirstens Stiefvater nicht zu gründlich durchzuführen, da die Todesursache durch das Geständnis und die offensichtlichen Wunden ja eindeutig war. Der Fall sollte so schnell wie möglich abgeschlossen werden.

„Und, haben Sie das getan?", hakte Vince nach.

„Gewissermaßen schon. Ich habe ihnen erklärt, dass zwar die Verletzungen am Kopf letztendlich den Tod herbeigeführt haben, aber zu bedenken gegeben, dass der gesamte körperliche Zustand des Mannes extrem schlecht war."

„Wie meinen Sie das? Sind möglicherweise Drogen im Spiel gewesen?"

„Im Spiel gewesen ist gut, Mr Walthers. Dieser Mann war bis zum Haaransatz voll mit Heroin. Ich habe das alles notiert. Ich bin mir fast sicher, dass er auch ohne die Kopfverletzungen nicht überlebt hätte. Es war eine Überdosis. Die Gewalteinwirkung durch Ms Donald hat ihm möglicherweise einen langsamen und qualvolleren Tod erspart."

Mein Gott, das wäre ja eine absolute Kehrtwende in dem Fall. Vermutlich waren die Drogen maßgeblich schuld am Ableben dieses Monsters und nicht ursächlich die Schläge durch Kirsten Donald. Nur müsste man das auch beweisen können.

„Sagen Sie, Dr. Gibson, wäre eine Exhumierung und eine erneute Obduktion nötig, um Ihren Verdacht zu bestätigen?"

Dr. Gibson schüttelte den Kopf.

„Nein, ich habe, wie gesagt, eine Obduktion durchgeführt, obwohl das laut Polizei nicht nötig gewesen wäre. Ich bin sehr akribisch, was meinen Beruf angeht. Was die Polizei und Justiz dann am

Ende daraus machen, ist nicht mehr meine Angelegenheit."

„Doktor, ich muss Sie bitten, die Akten noch
einmal genau durchzusehen und mir Bescheid zu
geben, ob sich ihr Verdacht bestätigt. Es ist wichtig, wichtig für Kirsten Donald und vor allem für
ihren kleinen Bruder."

Dr. Gibson versprach Vince in die Hand, sich in
ein paar Tagen bei ihm zu melden.

Eine unendliche Last fiel Vince von den Schultern. Er hatte plötzlich ein wirklich gutes Gefühl.
Das Gespräch mit dem Gerichtsmediziner hatte
Aufschluss darüber gegeben, dass im Fall Donald komplett falsch verfahren worden war, Indizien einfach nicht berücksichtigt wurden.

Mit einer ungewohnten Leichtigkeit kam er nach
Hause. Seine Frauen erwarteten ihn bereits zum
Essen. Stolz erklärten ihm Ellen und Dana, was
sie für ein Dessert kreiert hatten. Das würde es
allerdings erst später geben und wie es schmeck-
te, sollte ebenfalls eine Überraschung sein.

Ellen verdrehte dabei die Augen, so dass Vince
wusste, dass das Dessert bestimmt gewöhnungs-
bedürftig war.

Ein lautes Lachen entrann ihm. Er war wirklich
glücklich, seine Lieben um sich zu haben.

Debbie fiel auf, dass Vince gelöster schien als noch in den Tagen zuvor, obwohl die Feier seines Geburtstages bevorstand. Irgendetwas musste geschehen sein, das ihm Zuversicht gab.

Nachdem die Kinder im Bett waren, nahmen sich Debbie und Vince Zeit füreinander.

Vince berichtete ihr von seinem Fortschritt im Fall Kirsten Donald. Debbie war mindestens so begeistert wie Vince.

„Ich muss dir auch noch etwas erzählen."

Debbie lächelte Vince an wie ein kleines Kind, das gerade ein Geschenk überreicht bekam.

„Du wirst es nicht glauben, aber Robert Blake war heute bei mir im Büro. Vince, ich werde nächste Woche Miranda treffen!"

Ungläubig zog Vince beide Augenbrauen hoch.

„Aber hattest du mir nicht erzählt, sie weigere sich vehement, mit dir zu reden oder mit jemandem sonst?"

„Ja, aber sie hat es sich wohl anders überlegt. Das liegt wohl an meiner unwiderstehlichen Art, von der ihr Robert erzählt hat.", grinste Debbie.

„Da bin ich mir ganz sicher!", lachte Vince.

Er umarmte Debbie und ein tiefes Gefühl der Zufriedenheit übermannte ihn. Ein wenig von sich selbst überrascht, meinte er:

„Lass uns über die Feier übermorgen reden. Es wird sicher wunderbar werden."

Er konnte es selbst nicht glauben, aber er war im Moment wirklich überzeugt davon, dass er das erste Mal in all den Jahren bereit war, sich feiern zu lassen, nur weil er geboren war.

24

Ein lauter Schrei riss Lindsay und Vince aus ihrem Dämmerschlaf.

Als sie ihre Namen hörten, rissen beide gleichzeitig die Köpfe hoch.

Mike Brunner stand neben dem Wagen und forderte sie unmissverständlich auf auszusteigen. Mühsam kämpften sich die Kinder hoch, noch immer schwach von diesem Medikament, das sie hatten einnehmen müssen.

Der Gedanke, sofort zu verschwinden, schoss Vince erneut durch den Kopf, doch momentan waren die Geschwister körperlich gar nicht in der Lage dazu. Sie hatten auch nicht mitbekommen, wo sie sich befanden, doch als sie endlich aus dem Auto klettern konnten, sahen sie keinesfalls ein Chalet vor sich.

Es handelte sich eher um eine etwas größere Hütte, die mit ein wenig Mühe vielleicht ganz gemütlich sein konnte. Aber ein herrschaftliches Anwesen war das hier keinesfalls. Die Holzhütte war versteckt im Wald. Rund herum gab es nichts als Bäume und Berge. Eigentlich war die Landschaft wunderschön, wenn nicht dieses absolut schlechte Gefühl in Vince diese Idylle trügen würde.

Wenn Vince ehrlich war, musste er sich eingestehen, dass er große Angst hatte. Mike und Nancy zeigten sich ihnen gegenüber abweisend und schroff und er hatte das unbestimmte Gefühl, dass sie ihm und seiner Schwester nichts Gutes wollten. In der Villa, als Emma noch bei ihnen gewesen war, hatten sie die Brunners kaum zu Gesicht bekommen und wenn, waren beide mehr als nur distanziert. Der Vorfall an der Tür heute Morgen kam Vince wieder in den Sinn und erschreckte ihn erneut. Wozu waren diese Leute noch fähig? Und vor allem, warum taten sie das?

Jetzt waren Lindsay und er den Brunners vollkommen ausgeliefert. Er kam sich so hilflos vor, er wusste nicht, wie er Lindsay trösten konnte, er sah plötzlich nichts Schönes mehr. Es war vollkommen finster. Wo nur war Emma? Wer könnte ihnen beistehen?

Jäh wurde Vince aus seinen düsteren Gedanken gerissen.

Lindsay schrie auf. Als Vince sich zu ihr umdrehte, lag sie auf dem Boden. Ihr Knie blutete.

Wie aus dem Nichts erschien plötzlich diese Frau Keller in der Tür der Hütte.

,,Dieses dämliche Kind kann nicht einmal geradeaus laufen! Was sollen wir mit der anfangen?"

,,Das wird sich schon finden.", entgegnete Mike mit einem grausamen Grinsen im Gesicht.

So schnell es ging, lief Vince auf Lindsay zu und half ihr beim Aufstehen.

,,Alles okay, Li? Hast du dir wehgetan?"

Mit Tränen in den Augen schüttelte Lindsay den Kopf.

,,Ich bin nur gestolpert, glaube ich. Ich habe irgendwie keine Kraft."

Vince konnte sich gut vorstellen, woher das kam. Ihm ging es etwas besser, was wahrscheinlich daran lag, dass er ein wenig kräftiger war als seine Schwester. Er hatte wohl das Medikament besser vertragen als sie.

Vince biss die Zähne aufeinander. Seine Augen verengten sich. Er spürte die Wut in sich aufsteigen.

Er musste jetzt stark sein, wachsam sein, alles beobachten und einen Plan schmieden, mit Lindsay hier herauszukommen. Und er musste vergessen, dass er erst zehn Jahre alt war, er musste erwachsen sein ... .

Wortlos wurden sie von Nancy in das Holzhaus gebracht.

Von innen war das Haus recht gemütlich eingerichtet, einfach, aber das Nötigste war da. Vince schaute sich um, während Lindsay nur neben ihm stand und eingeschüchtert zu Boden schaute.

Es gab einen großen Wohnraum mit einer alten Couch und einem Fernseher. Ein Telefon und ein Computer standen ebenfalls auf einem kleinen Sekretär. Die antiken Möbel waren abgewohnt, aber dennoch hübsch anzuschauen.

An das Wohnzimmer grenzten eine kleine Küche und ein gemütlicher Essbereich. Etwas weiter den Flur entlang war noch eine Tür, das Badezimmer vielleicht, und eine Terrassentür führte unmittelbar in den Wald.

Nancy wies die Kinder an, nach oben zu gehen und ihr Gepäck mitzunehmen. Vince schleppte beide Taschen die alte Treppe hinauf.

Das Geländer war dringend reparaturbedürftig. Es wackelte, als Lindsay versuchte, sich daran festzuhalten.

Im Obergeschoss gab es weitere drei Zimmer. Eine Zimmertür stand offen, und da darin zwei einfache Betten standen, gingen die Kinder hinein.

Vince schloss sofort die Tür hinter sich und setzte sich mit Lindsay auf eins der Betten.

„Li, wie geht es dir?"

„Es geht schon wieder. Mir ist nur schwindlig und übel, aber es wird langsam besser. Vince, was geht hier vor? Ich habe Angst. Mike und Nancy machen mir Angst und diese Lehrerin auch."

Vince atmete tief ein.

„Ich weiß es nicht, Li, aber ich habe auch Angst. Wir können nur versuchen, irgendeinen Weg zu finden, hier wegzukommen. Ich glaube, dass die Brunners uns nicht mögen. Ich glaube sogar, dass sie uns etwas antun könnten."

Lindsay sah ihren Bruder verängstigt an.

„Aber warum denn? Was haben wir denn getan? Haben wir etwas falsch gemacht?"

„Li, ich weiß nur, dass ich kein gutes Gefühl habe. Die Sache heute Morgen an der Tür, als Mike dich so grob angefasst und angeschrien hat und dann diese komischen Tropfen. Das waren bestimmt keine Tropfen gegen Reiseübelkeit. Wir

müssen jetzt ganz fest zusammenhalten und aufeinander Acht geben, Li!"

Zumindest, bis wir herausgefunden haben, was mit den Brunners nicht stimmt.

Simon ging ihm wieder durch den Kopf. Noch immer wussten sie nicht, was genau mit ihm geschehen war, warum er nicht mehr da war. Hatten sie ihn auch mit hierher genommen und dann war er verschwunden? Oder lebte er jetzt tatsächlich bei Nancy Brunners Schwester? Sie könnten die Brunners danach fragen, doch Vince war sich sicher, dass das keine gute Idee war und sie dann noch wütender werden würden.

Zurück im Kinderheim machte sich Frau Welker sofort daran, sämtliche Akten der Brunners durchzuarbeiten. Der Vorfall in der Villa und vor allem das Gespräch mit Emma gingen ihr nicht mehr aus dem Kopf. Und warum durfte sie die Kinder nicht noch einmal sehen? Sie hätte auf ihrem Recht bestehen sollen, denn noch waren die Zwillinge nicht adoptiert.

Es musste doch irgendetwas zu finden sein. Doch so sehr sie auch recherchierte, in den Unterlagen war nicht vermerkt, ob die Brunners vor einiger Zeit bereits eine Pflegschaft übernommen hatten.

Sie nahm sich vor, mit den Behörden Kontakt aufzunehmen, doch zuvor wollte sie einen neuen Termin mit den Brunners vereinbaren.

Sie wählte die Nummer der Villa.

Es klingelte, aber niemand hob ab.

25

Es war wirklich eine wunderschöne Feier. Debbie hatte diesmal eine kleine Lokalität angemietet, die sehr gemütlich war.

Als sich Vince zufrieden umblickte, sah er in die glücklichen Gesichter all seiner Freunde, die ihn und seine Familie wirklich mochten. Sie alle waren für ihn und Debbie zu der Familie geworden, die sie beide nicht mehr hatten. Debbie hatte zwar irgendwo in Texas noch entfernte Verwandte ihrer verstorbenen Eltern, aber keinen Kontakt mehr zu ihnen.

Er sah seine Kinder toben, Mr Smith, Debbies Chef, mit seinen Partnern scherzen und es war seinen Gästen anzusehen, dass sie den Abend genossen.

Er spürte Debbies kleine, aber starke Hand auf seiner Schulter.

„Geht es dir gut, Liebling?"

Vince nahm ihre Hand und hauchte einen Kuss darauf.

„Ja, mir geht es wirklich gut. Ich danke dir, dass du darauf bestanden hast, mit all unseren Freunden zu feiern."

Im letzten Jahr war zu Beginn der Feier zu seinem 40. Geburtstag auch alles gut verlaufen, doch dann war er förmlich von den Dämonen seiner Vergangenheit überrollt worden. Er hatte ohne ein Wort die Party verlassen, ließ seine Familie und die Gäste zurück und lief stundenlang ohne ein Ziel durch die Straßen New Yorks.

Spät in der Nacht wurde er verwirrt und tränenüberströmt von einer Polizeistreife aufgegriffen. Debbie hatte ihn suchen lassen. Er konnte sich noch gut daran erinnern, wie schmerzlich ihn der Tag vor damals 29 Jahren wie aus dem Nichts überrollt hatte, ihm den Boden unter den Füßen weggezogen hatte und seine verletzte Seele herauszureißen drohte. Er durchlebte mit den gleichen körperlichen Schmerzen wie damals den letzten Tag, an dem er Lindsay das letzte Mal gesehen hatte. Er konnte sie spüren, in seinem Körper, seinem Geist. Sie war seine Seelenverwandte, sein Zwilling. Und sie war ihm auf grauenvolle Weise entrissen worden.

Noch immer hielt er die Hand seiner Frau. Voller Liebe lächelte er sie an.

„Schenkst du mir diesen Tanz, mein Engel?"

Debbie ließ sich nicht zweimal bitten. Vince führte sie auf die Tanzfläche. Die anderen Gäste gingen ein Stück zur Seite und ließen die beiden hindurch. Verliebt wie am ersten Tag schloss Vince Debbie in die Arme. Alles um sich herum vergessend, bewegten sie sich im Rhythmus des langsamen Liedes. Beide ließen den Blick nicht voneinander, berührten sich, ohne darüber nachzudenken, ob sie beobachtet wurden.

„Mum, Dad, hört doch auf, das ist peinlich!", hörten sie ihre Tochter Ellen rufen.

Debbie konnte sich ein Lächeln nicht verkneifen.

„Hey, ihr beiden, nehmt euch gefälligst ein Zimmer!", rief einer von Vince' Partnern.

Glücklich lächelnd schaute Vince Debbie noch immer tief in die Augen.

Langsam senkte er seinen Kopf und flüsterte ihr sehnsuchtsvoll ins Ohr: „Würdest du mir die Ehre erweisen, dich von mir verführen zu lassen?"

Debbie warf den Kopf in den Nacken und lachte auf. Mit einem kurzen Nicken zu Kendra und ihr stummes Einverständnis, auf Ellen und Dana zu achten, zog sie Vince hinter sich her aus dem Raum.

Im Flur nahm Vince Debbie auf den Arm und trug sie schnellen Schrittes die Treppe hinauf zu einem der Zimmer, die sie für sich und ihre Gäste angemietet hatten.

Leise und verheißungsvoll fiel die Tür ins Schloss, als Vince seine Frau vorsichtig auf das Bett legte. Mit quälender Langsamkeit nahm er ihre Lippen in Besitz, glitt gleichzeitig behutsam ihren Nacken entlang und vergrub sich in ihrer rötlichen Haarmähne.

Ein wohliger Schauer durchfuhr Debbie, als sie Vince' Verlangen nach ihr und ihrer Liebe spürte. Ihre Leidenschaft ließ sie alles um sich herum vergessen, es gab nur noch sie beide. Obwohl sie sich schon so lange kannten, hatten sie die Fähigkeit, sich gegenseitig immer wieder neu zu entdecken. Und auch jetzt brachte Vince sie durch sanftes Berühren ihres Körpers um den Verstand. Er liebkoste behutsam und sehr gründlich ihren Hals und fuhr langsam zu ihrer Brust herunter, die sich ihm wie selbstverständlich entgegenbog.

Ihre Knospen reckten sich Vince entgegen und er nahm sie dankbar auf. Ein lustvolles Aufbäumen zeigte Vince, dass ihm Debbie verfallen war. Als er sich behutsam von ihr löste, bedachte sie ihn mit einem strafenden Blick. Schelmisch lächelte es sie an und schob ihr das Kleid nach oben. An Debbies Armen hielt er inne und umfasste ihre Handgelenke. Seine vor Leidenschaft dunkel gewordenen Augen leuchteten und sein sinnlicher Blick ließ Debbie erahnen, welche Sehnsucht sich erfüllen sollte.

Erneut nahm er Debbies Lippen mit seinen auf und fuhr mit seiner Zunge die Konturen ihres Mundes entlang. Immer mehr verlor er sich in dem hungrigen Kuss nach ihr. Sein Körper bebte vor Lust und er wusste, dass er sich nicht mehr lange zurücknehmen konnte.

Immer fordernder ließ er seine Lippen an ihrem wunderschönen Körper hinunterwandern, bis er schließlich den wundervoll empfindsamen Ort fand, der ihnen beiden Erfüllung versprach.

Debbies Körper glühte und nach wenigen Sekunden wurde sie von einer Woge der Lust erfasst und mitgerissen. Ihr Verlangen nach Vince stieg ins Unermessliche und sie zog ihn zu sich nach oben. Während ihr Mund ihn aufnahm, entrann Vince ein kehliger Laut.

Doch er war nicht mehr in der Lage, seine Lust aufzuhalten. Ungeduldig stürzte es sich auf Debbie, die ihn mehr als bereitwillig und mit der gleichen Ungeduld in sich aufnahm.

Sie klammerten sich aneinander, bis es sich anfühlte, als wären sie eins.

Beide flüsterten leise: „Ich liebe dich so sehr…!",
bevor sie sich ineinander verloren.

Später am Abend kamen die Kinder zu ihnen ins
Bett gekrabbelt. Glücklich nahm er seine Frauen
in den Arm, bis schließlich alle einschliefen.

Dieses Glücksgefühl währte jedoch nicht lange,
denn es schien, als hätte sein Unterbewusstsein
nur darauf gewartet, dass Vince' Körper zur Ruhe
kam. Mit ungeahnter Härte führten ihn seine
Träume zurück in die Vergangenheit…

26

*Frau Welker wurde unruhig. Sie hatte schon min-
destens fünf Versuche unternommen, die Familie
Brunner zu erreichen. Sogar die angegebene
Handynummer hatte sie angewählt, doch das
Handy war ausgeschaltet.*

*Sie hatte ein mulmiges Gefühl, zumal ihr Herr
Brunner zugesichert hatte, immer erreichbar zu
sein, und verabredet war, einen neuen Termin zu
vereinbaren.*

Das kurze, aber emotionale Gespräch mit Emma, der Haushälterin, ließ sie seit dem Telefonat mit einer guten Freundin in der Adoptionsvermittlungsstelle erst recht nicht mehr in Ruhe.

Diese hatte zwar beim Überfliegen der Akte Brunner nichts Auffälliges gefunden, aber nachdem sie gehört hatte, was Emma erzählt hatte, fiel ihr ein Sachverhalt ein, der sich vor Jahren ereignet haben sollte.

Damals sollte ein Junge im Alter von zwölf Jahren verschwunden sein, der kurz vorher von einer angesehenen Familie in Pflege genommen worden war.

Die Bekannte konnte sich allerdings nicht mehr an die genauen Umstände erinnern, wollte aber recherchieren und sich melden, sobald sie etwas in Erfahrung gebracht hatte.

Ohne sich vorher bemerkbar gemacht zu haben, stand plötzlich Frau Keller im Zimmer der Kinder.

„Wenn ihr fertig seid mit Auspacken, fangt ihr an, das Haus zu putzen!", sagte sie mit strenger Mine.

„Wir bleiben zwar nicht lange, aber trotzdem will ich nicht in diesem Saustall wohnen!"

Ohne ein weiteres Wort drehte sie sich um und verließ das Zimmer. Die Kinder schauten sich verwirrt an, kamen der Aufforderung aber sofort nach.

Im Wohnzimmer saßen Nancy, Mike und Frau Keller auf der alten Couch und prosteten sich gerade zu, als Vince mit Lindsay hereinkam.

„Auf unser Geschäft!", sagten sie und tranken.

Vince konnte sich zwar nicht vorstellen, um welches Geschäft es sich handeln sollte, aber er war noch immer zu wütend, um sich Gedanken darüber zu machen.

Hätte er da bereits geahnt, worum es ging, wäre er wahrscheinlich ohne große Überlegung einfach mit Lindsay aus dem Haus ins Ungewisse gelaufen. Allzu lange würde es nicht dauern, bis sie erfahren würden, was die Brunners vorhatten.

Vince wurde mit unnötiger Strenge angewiesen, das Brennholz im angrenzenden Garten aufzuschichten und anschließend genug hereinzubringen, um Feuer zu machen.

Lindsay hingegen musste die kleine Küche gründlich putzen und dann etwas zu essen zubereiten.

Es wurde langsam dunkel und Vince musste sich ein wenig beeilen, um mit der Erledigung seiner Aufgabe fertig zu werden. Außerdem war es ziemlich kalt geworden, was ihm die Arbeit nicht unbedingt erleichterte.

Es war ja auch schon Ende Oktober und sie waren mitten in den Bergen, also war die Kälte gar nicht so ungewöhnlich.

Es riecht sogar ein wenig nach Schnee..., dachte Vince, als er den ersten Stapel Brennholz ins Haus brachte.

Lindsay deckte gerade den Tisch im Wohnzimmer. Er fing ihren Blick auf und der verhieß nichts Gutes. Sie hatte gerötete Augen. Hatte sie etwa wieder geweint? War sie wieder angeschrien worden, als er im Garten war?

Nachdem er es geschafft hatte, das Feuer in dem alten Kachelofen anzuzünden, ging er zu seiner Schwester in die Küche.

Sie hatte drei Teller vorbereitet, zwei weitere standen an dem kleinen Küchentisch. Ohne etwas zu sagen, trug sie die Teller hinaus und wies Vince mit dem Kopf nickend an den Küchentisch.

„Wir essen hier.", sagte sie emotionslos.

Erstaunt setzte sich Vince zu Lindsay.

„Was ist los, Li?", flüsterte er über den Tisch hinweg. Lindsay senkte die Augenlider und schüttelte den Kopf.

Als die Kinder ins Bett geschickt wurden, saßen die Erwachsenen noch immer im Wohnzimmer und tranken. Die Stimmung war jedoch leicht umgeschlagen. Vor allem Mike schien ziemlich betrunken zu sein und wurde immer lauter.

Schnell schlossen die Kinder die Tür hinter sich und jetzt hielt sich Lindsay nicht mehr zurück.

Tränen liefen ihr über das hübsche Gesicht. Sie erzählte Vince, was während der Zeit, als er draußen gewesen war, vorgefallen war.

Mike hatte sie in der Küche abgepasst und eingehend gemustert. Er roch stark nach Alkohol. Nach einer Weile hatte er sie hämisch angegrinst und aufgefordert, ihr T-Shirt auszuziehen. Nachdem sich Lindsay geweigert hatte, riss er ihr das T-Shirt kurzerhand hoch und lachte lauthals. Dann drehte er sich wieder zu den Frauen um und meinte, dass sie wohl ganz gut aussehen würde und der Rest schon noch kommen würde.

„Vince, ich habe solche Angst. Was tun diese Leute? Ich schäme mich so!"

Vince war wie versteinert, seitdem er gehört hatte, was Lindsay zugestoßen war. Wutentbrannt stand er auf und rannte auf die Tür zur. Er drehte sich noch einmal zu Lindsay um.

„Bleib hier, ich nehme mir dieses Schwein jetzt vor!" In der zittrigen Stimme des Jungen lag so viel Entschlossenheit, dass es Lindsay angst wurde.

„Nein!", schrie sie noch hinter ihm her, doch Vince war bereits zur Tür hinaus.

Am oberen Treppenabsatz blieb Vince abrupt stehen. Er konnte deutlich die Stimmen der Brunners und der von Frau Keller hören. Kurzerhand überlegte er weiterzugehen, aber er blieb und lauschte.

„Das Mädchen bekommen wir ganz schnell unter, aber den Jungen! Was machen wir mit ihm? Er ist ziemlich aufsässig.", hörte Vince Frau Keller sagen.

Lallend erwiderte Mike: „Mit dem kleinen Mistkerl werde ich schon fertig. Er hat doch tatsächlich heute Morgen versucht, gegen mich anzukommen, als ich die Göre von der Tür zurückgerissen habe. Lächerlich!"

Vince traute seinen Ohren nicht. Ihm schwirrte der Kopf. Er musste sich doch verhört haben! Aber nachdem er auch noch Nancy sagen hörte, dass irgendwelche Kunden schon in ein paar Tagen vorbeikommen würden, um sich das Mädchen anzusehen, war er sich sicher, dass es um ihn und Lindsay ging. Sie wollten sie trennen und nicht nur das. Vince wusste zwar nicht genau, um was für eine Art Kunden es sich handeln konnte, aber nachdem ihm Lindsay von Mikes Übergriff in der Küche erzählt hatte, hatte Vince eine böse Vorahnung.

Langsam schlich er zurück ins Zimmer.

Lindsay starrte ihn mit verweinten Augen an.

„Was? Was hast du gemacht?", fragte sie.

Vince holte tief Luft, bevor er begann, seiner Schwester zu erzählen, was er gehört hatte.

Fassungslos starrte Lindsay ihren Bruder an. Das konnte er nicht erst meinen. Das alles musste ein Irrtum sein. Oder ein Alptraum.

„Wir müssen so schnell wie möglich hier raus, Li! Sie wollen uns womöglich an irgendwelche Leute verkaufen. Sie können nur uns gemeint haben, oder nicht? Lass uns verschwinden!"

Entschlossen nahm Vince seine Schwester an die Hand und zog sie in Richtung Schrank.

„Wir werden so viel anziehen, wie wir können, und uns rausschleichen, wenn sie schlafen!"

Abrupt blieb Lindsay stehen.

„Vince, wie stellst du dir das vor? Es ist dunkel und wir haben nicht die geringste Ahnung, wo wir eigentlich sind!"

Vince wusste, was sie meinte. Sie mussten alles besser durchdenken, aber blieb ihnen auch genug Zeit dazu?

Lindsay war inzwischen ans Fenster gegangen und ließ den Blick über die weiten Berge schweifen.

Inzwischen hatte es angefangen zu schneien und es war ein so schöner Anblick, dass man ihn unbedingt festhalten musste. Doch diese traumhafte Umgebung machte es den Kindern noch schwerer, womöglich aus dem Haus der Brunners zu entkommen. Der Schnee würde sie daran hindern voranzukommen und irgendwo einen Unterschlupf zu finden.

Lindsay drehte sich zu ihrem Bruder um.

„Es hat keinen Sinn, Vince, wir kommen nicht durch den Schnee und wir haben keine Ahnung, wohin wir gehen sollen. Vielleicht sollten wir versuchen, genau herauszufinden, was sie vorhaben und uns draußen gut umsehen, Vince."

Er wusste, sie hatte Recht, doch sie hatten nur noch ein paar Tage, bis diese Leute hier sein würden. Bis dahin mussten sie eine Lösung gefunden haben.

Vince nickte.

„Lass uns in Ruhe darüber nachdenken.", entschied er.

Stunden vergingen und von Schlaf konnte keine Rede sein. Es würde den beiden nichts anderes übrig bleiben, als sich am nächsten Morgen aus dem Haus zu schleichen, wenn die anderen noch schliefen, und sich umzuschauen, wohin sie vielleicht weglaufen könnten. Es wäre ja möglich, dass sie eine andere Hütte oder zumindest einen Weg fanden, der hinunter ins Tal führte.

Über Nacht hatte es so heftig geschneit, dass sogar die Haustür zur Hälfte im Schnee versank.

Die Kinder waren sofort beim ersten Dämmerschein aus dem Zimmer geschlichen, um hinauszugehen.

Zum Glück konnte Vince die hintere Tür noch öffnen, die in diesen Garten hinausführte. Alles lag da in weißer Pracht und es war einfach herrlich anzuschauen. Am liebsten hätten die Zwillinge sofort angefangen, im Schnee zu toben, Schneebälle zu werfen oder einen Schneemann zu bauen. Aber dieser Spaß war ihnen letzte Nacht vergangen. Sie konnten und durften sich nicht damit aufhalten, sie mussten einen Ausweg finden. Vince war bereits durch den Schnee gestapft und halb um das Haus herumgelaufen, als er plötzlich innehielt.

Eine Treppe führte in eine Art Keller oder Bunker unterhalb des Hauses. Von oben war nicht deut-

lich zu sehen, wie es nach der Treppe weiterging, denn es gab einen Schacht, der verschlossen war.

Neugierig ging Vince näher heran. Die Treppe war zwar schneebedeckt, doch die Klappe über dem Schacht war nicht zugeschneit. Entweder war erst kürzlich jemand dort unten gewesen oder der Raum darunter war relativ warm.

„Vince, so ein Keller hilft uns nicht weiter, wir müssen einen Weg hier weg, nicht in das Haus finden.", sagte Lindsay.

Sie ging um ihn herum und lief vor das Haus. Lindsay schaute sich nach allen Richtungen um, doch bei dem vielen Schnee und dem morgendlichen Nebel war kaum etwas zu sehen.

Lediglich die Straße, auf der sie hierhergekommen waren, war noch zu erkennen.

Ohne ein Wort starrten die Kinder in die sagenhaft schöne Landschaft, die ihnen unter anderen Umständen den Atem rauben würde, jetzt aber mehr als nur ein wenig Angst machte.

Würde es nicht bald tauen oder wenigstens aufhören zu schneien, würden sie aus diesem Haus nicht wegkommen. Aber danach sah es nicht aus.

„Was nun, Vince?"

Kopfschüttelnd drehte er sich zu Lindsay um.

„Ich weiß es nicht, Li."

27

Aufwachen! Du musst aufwachen! Zitternd versuchte Vince, den Schalter der Nachttischleuchte zu finden. Noch immer waren seine Gedanken in den Bergen, vor diesem Haus, bei Lindsay… Er konnte sie regelrecht spüren, es fühlte sich an, als wäre sie bei ihm. So wunderbar warm und beruhigend dieses Gefühl auch war, umso mehr ängstigte es Vince auch. Warum fühlte er nach so langer Zeit noch immer so intensiv diese letzten Tage mit seiner Schwester, warum verblassten dieser Schmerz und diese Sehnsucht nach ihr nie? Warum konnte er sich nicht einfach in Liebe an sie erinnern, ohne dieses immer wiederkehrende, zerreißende Gefühl, das ihm die Seele zerriss.

Es war einfach unmöglich, allein mit der Vergangenheit klarzukommen. Dessen war sich Vince schon lange bewusst, doch hatte er es all die Jahre nicht zugeben wollen. Diese immer wiederkehrenden Träume und Erinnerungen raubten ihm allmählich den Verstand. Er brauchte dringend Hilfe! Er hatte schon so viele Menschen mit schweren Schicksalsschlägen fertig werden sehen, viele hatten es nach einer langen Zeit der Trauer um einen lieben Menschen wieder gelernt zu leben, mit der Vergangenheit abzuschließen.

Warum konnte er es nicht? Warum quälte er sich nach so langer Zeit noch immer damit herum? Er konnte doch nichts daran ändern, was damals passiert war, doch sein Unterbewusstsein schien es ihm dennoch nie verzeihen zu können.

Wenn er ehrlich war, hatte er bisher nur aus einem vernünftigen Grund vermieden, in Therapie zu gehen. Er wollte und konnte nicht alles noch einmal durchleben, und das würde er. Es würde ihn umbringen.

Liebevoll schaute er sich seine Frauen an. Debbie lag an seiner Seite, Dana schlummerte friedlich in ihrem Arm. Ellen lag quer über Vince' Bauch und atmete ganz ruhig. Beim Anblick seiner Familie traten ihm Tränen in die Augen.

Für sie musste er es schaffen. Vielleicht würde es tatsächlich helfen, darüber zu reden. Über Lindsay zu sprechen. Was hatte er zu verlieren?

Debbie hatte eine Menge in der Redaktion nachzuholen. Die freien Tage mit der Familie und vor allem Vince' gelungene Geburtstagsfeier in diesem Jahr hatten ihr unendlich gut getan, doch nun war es an der Zeit, auch ihre Arbeit zu tun. Vor allem freute sich Debbie auf das Gespräch mit Robert Blake und seiner Frau Miranda. Mr Blake hatte ihr noch einmal per Email zugesichert, dass es bei dem Termin am Nachmittag bliebe. Mit der

Teamleitung war bereits alles soweit geklärt und Mirandas Geschichte würde in einer Art Kolumne jede Woche erscheinen. Debbie würde das mit den beiden noch einmal besprechen müssen, aber sie sah da nicht das geringste Problem.

Vielmehr interessierte es sie, die Frau endlich persönlich kennen zu lernen, die dieses unglaubliche Buch geschrieben hatte. Noch immer hatte Debbie es nicht geschafft, es komplett zu lesen, aber darauf kam es auch nicht an. Sie konnte sich bei Erscheinen immer noch überraschen lassen und was sie darüber bisher wusste, hatte sie von Beginn an überzeugt.

Nach einem kurzen Lunch mit Kendra kam Debbie zurück ins Büro, um sich auf ihren Termin mit den Blakes vorzubereiten.

Als sie sich über den Schreibtisch beugte, um sich die Akte zu nehmen, fiel ihr eine Person auf, die ein wenig zusammengesunken auf der Couch im Besucherbereich saß.

Da Kendra noch nicht an ihrem Platz war, ging Debbie kurzerhand selbst auf die Frau zu.

Sie trug ein recht modisches Kopftuch, welches jedoch nicht in der Art gebunden war, wie es normalerweise muslimische Frauen trugen.

Es war zwar schon etwas kalt draußen geworden, aber hier in den warmen Büroräumen könnte die

Frau das Tuch doch ruhig abnehmen, dachte Debbie.

„Bitte entschuldigen Sie, kann ich Ihnen helfen? Haben Sie einen Termin?", wandte sich Debbie an die Frau.

Erschrocken drehte die Frau ihren Kopf weg. Der kurze Blick, den Debbie hatte erhaschen können, verriet ihr, dass die Frau ungefähr in ihrem Alter sein musste.

„Ich wollte Sie nicht erschrecken, es tut mir Leid. Ich möchte Ihnen lediglich helfen. Ich werde meine Assistentin bitte, sich um Sie zu kümmern, ja?"

Vorsichtig versuchte Debbie die Frau an der Schulter zu berühren, um sie ein wenig zu beruhigen. Ein wenig komisch kam Debbie die Situation schon vor.

Als sie sich umdrehte, um nach Kendra Ausschau zu halten, sah sie sich plötzlich Robert Blake gegenüber.

„Mein Gott, haben Sie mich erschreckt, Mr Blake!"

Ein kleines Lächeln breitete sich auf Roberts Gesicht aus.

„Haben wir unseren Termin nicht erst in 30 Minuten?"

Plötzlich fiel ihr auf, dass es sich bei der Frau auf der Couch dann wohl um Miranda handeln müsste. Ruckartig drehte sie sich wieder zu Robert um.

„Ist das dann…?"

„Ja, das ist Miranda, Mrs Walthers."

Robert ging langsam auf seine Frau zu. Er strich ihr liebevoll über den Arm und flüsterte ihr etwas ins Ohr. Mit einem stummen Nicken bedeutete er Debbie, dass sie bereit wären, den Termin wahrzunehmen.

Robert und Miranda Blake nahmen in Debbies Büro Platz und Debbie kam nicht umhin, diese kleine Frau zu bestaunen. Sie war nicht größer als 160 cm und ihre Statur erinnerte an die eines jungen Mädchens. In ihrem beigefarbenen Hosenanzug und dem dunklen Tuch sah sie richtiggehend elegant und unnahbar aus.

Obwohl Debbie sie unverwandt ansah, vermied Miranda noch immer Blickkontakt mit ihr und versteckte sich mehr oder minder unter dem Kopftuch.

Robert durchbrach die angespannte Stille.

„Mrs Walthers, darf ich unser Gespräch beginnen? Wie haben Sie sich die Veröffentlichung vorgestellt?" Robert sagte das, ohne auch nur im Ansatz auf die zurückgezogene Art seiner Frau einzugehen und auch nicht darauf, dass Debbie mit dieser Tatsache gerade etwas überfordert schien.

„Ja, bitte entschuldigen Sie.", antwortete Debbie und erklärte, wie sich die Redaktion geeinigt hatte.

„Wissen Sie, wir möchten gerne, dass die Leser durch die Kolumne auf das Buch aufmerksam werden. Gegen Ende der Kolumne würde dann das Buch als solches erscheinen. Natürlich würden die Abschnitte in der Kolumne noch um einiges gekürzt werden müssen, aber da sehe ich kein Problem."

„Ich schon!", wurde plötzlich die Stimme der Frau, die sich Debbie gegenüber befand, laut.

Langsam hob Miranda ihren Kopf und schaute Debbie jetzt direkt in die Augen.

Sprachlos starrte Debbie Miranda an. Sie hatte ein wunderschönes Gesicht, obwohl noch immer ein Großteil davon bedeckt war. Ein großes braunes Auge lugte hervor und ihre Haut schimmerte zart und unverbraucht. Das Einzige, was Debbie ganz zu sehen bekam, war ihr sinnlich geschwungener Mund. Vielleicht war sie doch um einiges jünger, als Debbie zunächst angenommen hatte.

„Mrs Walthers, ich habe einer Veröffentlichung nur zugestimmt, wenn das Manuskript nicht verändert wird. Ich dachte, mein Mann hätte Ihnen das gesagt."

Etwas überrascht wegen der resoluten Stimme dieser zierlichen Frau räusperte sich Debbie kurz.

„Aber natürlich, Mrs Blake, das hatte Ihr Mann so mit mir abgesprochen. Es war auch nur ein Vorschlag des Teams, die Veröffentlichung des Buches etwas spannender zu gestalten. Bitte entschuldigen Sie. Sie sind natürlich diejenige, die dazu die letzten und wichtigsten Entscheidungen treffen sollte."

Miranda nickte nur und senkte den Kopf wieder. Erst jetzt war Debbie aufgefallen, dass Miranda die ganze Zeit von Robert angelächelt und am Rücken gestreichelt wurde. Eine unglaubliche Art von Stolz und Liebe sprach aus seinen Gesten. Debbies Augen füllten sich mit Tränen der Rührung und sie musste sofort an Vince denken. Sie wusste, was es bedeutete, so geliebt zu werden und so zu lieben.

Als Robert das Gespräch mit Debbie wieder übernahm, konnte Debbie den Blick dennoch nicht von Miranda lassen. Irgendetwas an ihr kam ihr bekannt vor, ja fast vertraut. Nur konnte Debbie überhaupt nicht sagen, was das hätte sein können oder warum das so war.

Die tiefe Stimme von Robert riss sie aus ihren Gedanken, sie hatte sich tatsächlich hinreißen lassen, kaum auf Robert zu achten. Wie unprofessionell von ihr.

„Mr Blake, es tut mir Leid, ich war kurz abgelenkt, was sagten Sie?"

Robert lachte auf.

„Ich kann mir vorstellen, dass Sie abgelenkt waren, mir geht es bei meiner Frau auch immer so. Wenn selbst Sie ihrer Faszination verfallen, können Sie sich sicher vorstellen, wie es mir ergangen ist, als ich sie das erste Mal gesehen habe."

Jetzt konnte sich auch Debbie ein Lächeln nicht mehr verkneifen.

„Ja, Sie haben Recht."

Sie wandte sich Miranda zu.

„Mrs Blake, würden Sie mit mir über den Inhalt Ihres Buches reden? Ich möchte so gerne mehr darüber erfahren und Sie besser kennen lernen."

Mirandas erste Reaktion war, zu ihrem Mann aufzuschauen. Als Robert zustimmend nickte, drehte sich Miranda zu Debbie um.

„Mein Mann ist offensichtlich davon überzeugt, dass ich Ihnen vertrauen kann. Und ich bin mir auch sicher. Ich mag Sie. Also ja, ich rede mit Ihnen darüber."

Zum ersten Mal spiegelte sich auf Mirandas Lippen ein kleines Lächeln wider und ihre Augen wurden weich und warm. Zumindest das, was Debbie sehen konnte.

„Miranda, ich darf Sie doch so nennen? Ich bin überwältigt von Ihrem Manuskript und ich muss ehrlich zugeben, ich verstehe vieles daran nicht. Ihr Leben beginnt in Ihrem Buch erst, als Sie Robert kennen gelernt haben. Ist das richtig?"

Miranda antwortete nicht. Debbie glaubte schon, bereits wieder zu weit gegangen zu sein. Offenbar war diese Frau vor ihr eine gebrochene Frau, die mit der Vergangenheit zu kämpfen hatte, etwas erlebt hatte, was nicht einfach in Worte zu fassen, geschweige denn erklärbar war.

„Wissen Sie, es ist nicht einfach für mich. Dieses Buch ist für mich ein Versuch, eine Art, mich mit meinem Leben zu identifizieren", begann Miranda leise zu erzählen.

Immer wieder schaute sie nachdenklich aus dem Fenster oder zu ihrem Mann.

Miranda nahm Debbie mit ihrer Geschichte gefangen. Nichts war in diesem Moment wichtiger, als dieser Frau zuzuhören…

Die erste Erinnerung an ihr Leben war, dass sie in der Dunkelheit erwachte. Sie wusste weder, wo sie sich befand, noch wo sie hingehörte. Sie versuchte, sich an den Geräuschen in ihrer Umgebung zu orientieren, aber außer dem leisen Rauschen des Windes war nichts zu hören. Nachdem sie versucht hatte aufzustehen, bemerkte sie, dass sie sich auf einem Waldboden oder Ähnlichem befinden musste.

Ein unendlich starker Schmerz zwang sie jedoch, sich sofort wieder hinzulegen. Sie konnte ihre dünnen Beine nur mühsam bewegen. Ihr linker Arm war warm, aber schmerzte. Die Jacke, die sie trug, völlig durchnässt.

Miranda fror und versuchte sich so gut es ging zusammenzurollen.

Ich dachte damals, dass ich träumte und einfach noch ein wenig schlafen musste, um diesen Traum loszuwerden. Irgendwann schlief ich dann auch wieder ein. Meine Schmerzen ließen nach und ich verfiel in eine Art Wachtraum, den ich auch heute noch sehr oft habe. Ich kann mich an nicht viel erinnern, nur daran, dass ich unendliche Angst verspürte und das Gefühl hatte, als sei mir etwas entrissen worden."

Miranda schaute wieder traurig nach unten. Debbie wollte sich näher zu ihr setzten. Sie wollte Mirandas Hand halten, ihr damit Sicherheit vermitteln. Doch Miranda wehrte ab.

„Bitte nicht, lassen Sie mich bitte."

Debbie verstand das natürlich.

Seufzend führte Miranda ihre Erzählung fort…

Sie wurde plötzlich durch laute Stimmen aus dem Delirium gerissen. Sie lebte also noch. Oder doch nicht. Denn Miranda war nicht in der Lage, sich zu bewegen.

Übelkeit stieg in ihr auf, und als sie sich schließlich übergeben musste, schrie sie vor Schmerzen auf. Nicht nur ihr Magen, auch ihre Gliedmaßen und vor allem ihr Kopf taten so unheimlich weh, dass sie es nicht zu beschreiben vermochte.

„In diesem Moment dachte ich nur noch daran, sterben zu wollen. Ich versuchte mich umzusehen. Es war alles so hell. Erst später begriff ich, dass es nicht nur Tag sein musste, sondern auch noch etwas Schnee lag, wo ich mich befand. Die Sonne schien so stark, dass ich geblendet war. Ich fühlte mich durch diese trügerische Idylle verhöhnt und schrie erneut auf, bis ich das Bewusstsein verlor."

„Diesen markerschütternden Schrei habe ich gehört.", begann Robert fortzufahren.

„Ich war mit meinen Freunden auf dem Weg in den Wald, noch ganz in der Nähe unseres Dorfes. Zuerst dachten wir, ein Tier hätte sich in einer der Fallen verfangen. Manchmal passierte so etwas zum Jahresende, wenn sich die Tiere vor Beginn des großen Schneeeinbruches weiter an das Dorf heranwagten. Doch als mein Kumpel und ich den Mut aufbrachten, dem Schrei nachzugehen und nachzusehen, hätten wir niemals mit so etwas gerechnet. Ein Mädchen, mehr tot als lebendig, blutüberströmt und halb nackt, lag vor uns auf dem gefrorenen Boden. Sie war nicht bei Bewusstsein. Ich lief schnell zurück ins Dorf, um meine Eltern zu holen."

Liebevoll schaute Miranda zu Robert auf.

„Als ich aufwachte, lag ich im Krankenhaus. Robert saß an meinem Bett und schaute mich mit seinen großen Kinderaugen an. Das werde ich nie vergessen", sagte Miranda.

„Später kamen so viele Menschen, die ich nicht kannte, und stellten mir unglaublich viele Fragen, die ich nicht beantworten konnte. Ich wusste nicht, wo ich herkam, noch wo ich hinwollte oder hingehörte. Nichts, auch nicht meinen Namen."

„Aber wie alt waren Sie denn damals?", fragte Debbie nach.

„Auch das weiß ich nicht, Mrs Walthers. Ich kam später in Roberts Familie und der Tag, an dem ich gefunden wurde, wurde zu meinem Geburtstag. Aufgrund meiner geringen Körpergröße wurde ich auf acht oder neun Jahre geschätzt und ich bekam den Namen Miranda."

Bei dem Gedanken daran lächelte Miranda wieder. Es war wohl eine ihrer glücklicheren Erinnerungen.

„Was das alles damals für ein bürokratischer Aufwand gewesen sein muss, kann ich Ihnen nicht mehr sagen. Ich verstand das damals nicht. Es ist leider so, dass ich bis heute keine Erinnerung daran habe, was passiert ist, bevor mich Robert gefunden hat."

„Oh mein Gott, ich kann mir gar nicht vorstellen, was Sie durchgemacht haben!", warf Debbie ein.

„Das kam eigentlich alles erst später, nachdem ich bei den Nachbarn der Blakes aufgenommen worden war. Ich war für alle ein Freak und geistesgestört. Ich sah nicht nur anders aus als andere Kinder, ich hatte leider auch sehr oft Tagträume, bei denen ich mich unbewusst total in mich zurückzog und nicht mehr ansprechbar war. Die Kinder haben mich auf grausame Weise spüren lassen, dass ich nicht nur mit meinem Aussehen, sondern auch mit meiner Art nicht willkommen war. Nur Robert tat das nicht. Er war anders, er war nett zu mir."

Debbie selbst brauchte jetzt eine Weile, um sich zu sammeln.

„Darf ich fragen, ob das alles vielleicht auch damit zu tun hat, dass Sie dieses Tuch tragen?", fragte Debbie vorsichtig nach.

Erschrocken schaute Miranda jetzt wieder zu Robert.

Sofort wollte Debbie ihre Frage zurücknehmen, doch Miranda kam ihr zuvor.

„Das hat es wohl."

Miranda stieß ein verächtliches Lachen aus.

„Bitte sprechen Sie mich darauf nicht wieder an, akzeptieren Sie es so."

„Aber natürlich, verzeihen Sie bitte, ich wollte Ihnen nicht zu nahe treten.", entschuldigte sich Debbie.

28

Nachdem Vince in der Kanzlei fertig war, hatte er einen Termin bei einem Psychologen vereinbart. Es sollte zunächst erst einmal ein Einführungsgespräch geben und dann wollte man weitersehen, ob denn eine Therapie nötig und möglich war.

Vince hatte Debbie nichts von diesem Termin gesagt, er wollte sich erst sicher sein, den richtigen Weg gewählt zu haben.

Der heutige Tag fühlte sich ausgesprochen gut an, denn aufgrund der neuen Indizien im Fall Kirsten Donald wurde einem neuen Antrag auf Prüfung vor Gericht stattgegeben. Vince hatte so wieder alle Chancen, den Richter und die Geschworenen davon zu überzeugen, dass Kirsten maximal in

Notwehr gehandelt hatte, und so konnte er sie vielleicht vor einer langen Gefängnisstrafe bewahren.

Er hatte auch schon mit ihr gesprochen und allein die Hoffnung in ihren Augen, ihren kleinen Bruder wiederzusehen, war es wert gewesen.

Es war zwar etwas weit hergeholt, aber wenn sie es schaffen könnten, die Geschworenen an ihren Lebensumständen vor der Tat teilhaben zu lassen, könnte sie vielleicht sogar irgendwann das Sorgerecht für ihren Bruder bekommen. Aber eins nach dem anderen.

Vince' gute Laune begleitete ihn, als er in die Praxis kam. Die freundliche junge Frau im Eingangsbereich bat Vince, noch kurz Platz zu nehmen.

Langsam fühlte er sich unwohler. Bestimmt auch deshalb, weil er Debbie nichts gesagt hatte, er hatte ein schlechtes Gewissen.

Er zog sein Handy aus der Tasche, um sie anzurufen. Nach dem dritten Klingeln nahm Debbie ab.

„Schatz, ich muss kurz mit dir reden.", fing Vince an.

„Du, ich bin noch mitten im Gespräch mit Miranda, kann es bitte noch eine halbe Stunde warten?", sagte Debbie.

„Du meinst die Miranda, von der du mir erzählt hast, Miranda Blake?", fragte Vince nach.

„Ja Schatz, ich erzähle dir später davon, ja? Ich melde mich dann."

Und schon hatte Debbie aufgelegt. Vince war sich nicht mehr sicher, ob es so gut gewesen wäre, Debbie jetzt am Telefon von seinem Termin zu erzählen. Dafür war die Sache eigentlich zu wichtig.

„Mr Walthers, bitte folgen Sie mir."

Okay, jetzt war es soweit. Langsam stand Vince auf und folgte der jungen Frau. Er wurde in einen stilvoll eingerichteten Raum gebracht, in dem nichts daran erinnerte, dass es sich um den Therapieraum eines Psychologen handelte.

Ein Mann in seinem Alter mit asiatischem Einschlag hieß ihn willkommen und bat Vince, sich zu setzen.

„Ich bin Dr. Nakata, wie kann ich Ihnen helfen?"

Ja, das war die Frage. Wie sollte er erklären, was er selbst nicht verstand? Wie sollte er anfangen zu erzählen, dass Vince seit Jahren von den Dämonen seiner Kindheit gequält wurde?

„Mr Walthers? Möchten Sie mir erzählen, was ich für Sie tun kann?", fragte Dr. Nakata nach.

Vince schaute zu ihm auf.

„Ich weiß nicht, wie ich beginnen soll, es ist eine lange Geschichte und ich habe bisher nur mit meiner Frau über alles geredet."

„Fangen Sie einfach an, wir werden sehen, was wir gemeinsam tun können, um Ihnen zu helfen."

Dr. Nakata hatte eine ruhige Stimme und seine einfühlsame Art beruhigte Vince.

„Ich habe sehr früh meine Eltern verloren und wenig später,   im Alter von zehn Jahren, auf grausame Weise auch meine Zwillingsschwester. Ich habe das nie verarbeitet."

29

Lindsay saß wieder auf dem Bett und hielt sich die Hände vors Gesicht. Seine Schwester so am Boden zerstört zu sehen, brach Vince das Herz. Er musste doch irgendetwas tun können, um sie hier herauszubringen. Er war für sie verantwortlich, er musste auf sie aufpassen. Aber das, was hier gerade passierte, war schlimmer, als es sich Vince je hätte vorstellen können.

Er lief im Zimmer auf und ab, schaute dabei immer wieder aus dem Fenster. Als ob der friedlich

fallende Schnee in dieser Nacht etwas daran än-
dern könnte, suchte er doch in ihm die Antwort
und einen Ausweg.

Er ging zu seiner Schwester und nahm sie vor-
sichtig in die Arme. Langsam wiegte er sie hin
und her, um sie zu beruhigen.

„Es fällt uns bestimmt etwas ein, wir schaffen
das." Er selbst war nicht wirklich von seinen
Worten überzeugt. Wenn sich nicht eine Möglich-
keit bot, aus dem Haus und in bewohntes Gebiet
zu kommen, wären sie auf die eine oder andere
Weise verloren.

„Lass uns erst mal schlafen gehen, Li. Morgen
sehen wir dann weiter, ja?"

Lindsay schlang ihre kleinen Arme fest um ihren
Bruder und schlief fast augenblicklich ein.

Wenig später wurde Vince aus seinem Dämmer-
schlaf gerissen. Er hatte Lindsay noch immer fest
im Arm, als die Zimmertür aufflog. Im Licht-
schein des Flures konnte Vince Mike Brunner
erkennen, der augenscheinlich nicht mehr Herr
seines kräftigen Körpers war. Er schwankte stark
und fiel gegen den Türrahmen. Er stolperte zum
Bett, in dem die Kinder lagen. Als er seinen Blick
scharf gestellt hatte, entdeckte er die beiden. Oh-
ne ein Wort riss er Lindsay aus dem Bett und zog
sie hinter sich her in Richtung Tür. Vince schoss
hoch und klammerte sich an Mikes freien Arm.

Lindsay schrie aus Leibeskräften und Vince trat auf Mike ein und bettelte mit erstickter Stimme, Lindsay loszulassen.

Mike drehte sich zu ihm um.

„Du kleiner Dreckskerl! Willst du es schon wieder mit mir aufnehmen?" Mikes Lachen ging Vince durch Mark und Bein. Er wurde abgeschüttelt, während Lindsay bereits am Boden lag und sich ängstlich zusammenrollte.

Der Schlag kam unerwartet und mit einem Mal war alles friedlich und still um Vince.

Mit schmerzendem Kopf stand Vince vorsichtig auf. Draußen war es bereits wieder hell. Langsam, aber mit geballter Härte, fiel Vince ein, was in der Nacht passiert war. Ängstlich schaute er sich im Zimmer um.

Lindsay! Sie war da! Sie lag auf dem Bett. Vielleicht war ja alles doch nur ein böser Traum gewesen.

Vorsichtig ging er um das Bett herum, um zu sehen, ob sie noch schlief.

Das schreckliche Bild würde er so schnell nicht wieder vergessen. Lindsays Klamotten waren zerrissen, überall waren blaue Flecke und Blut, viel Blut, das ihr an den Beinen hinuntergelaufen war. Sie hatte die Augen geschlossen. Vince war unfähig zu reagieren. Eine dermaßen abartige Gewissheit machte sich in seinem Kopf breit. Er hatte davon gehört. Er hatte gehört, dass manche Erwachsene so etwas taten.

Mike Brunner hatte seine Schwester missbraucht!

Vince brach tränenüberströmt vor dem Bett zusammen. Er konnte nicht sagen, wie lange er so da gesessen hatte, bis eine zittrige Hand ihm vorsichtig über den Kopf strich.

„Vince?", hörte er Lindsays leise Stimme.

Sofort schreckte er auf, sah zu ihr hoch und wurde sich beim Anblick ihrer schmerzverzerrten Augen bewusst, dass sie unaussprechlich schlimme Dinge erlebt hatte. Sie war nicht nur körperlich verletzt, ihre Seele war gebrochen.

„Es tut so weh, Vince. Er hat mir so wehgetan."

Vince wiegte seine Schwester weinend in seinen Armen. Lange. Sehr lange. Wie spät es war, konnten sie nicht sagen. Hunger verspürten sie nicht, Müdigkeit auch nicht. Nichts war mehr wichtig seit der letzten Nacht. Die Kinder wussten, dass ihr Schicksal besiegelt war, sie kamen nicht gegen Mike Brunner und die beiden Frauen an.

„Ich möchte mich waschen, Vince, bitte hilf mir."

Vorsichtig hob Vince Lindsay aus dem Bett. Obwohl Lindsay wirklich nicht schwer und kleiner war als Vince, hatte er große Mühe, sie zu tragen. Er hatte an seinem jugendlichen Mut und an Kraft eingebüßt, er hasste es mehr und mehr, ein Kind zu sein, ein nicht ganz Zehnjähriger, der nicht in der Lage war, seine Schwester, seine Familie zu beschützen. Unter seine Machtlosigkeit mischte sich eine alles überdeckende Wut, die Vince förmlich den Hals zuschnürte.

Inzwischen waren die Kinder im Flur angekommen. Im Haus war es ruhig. Die Erwachsenen schienen noch zu schlafen. Wahrscheinlich lag es am Alkohol, den sie in der Nacht zuvor getrunken hatten. Die Tür zu dem kleinen Badezimmer stand offen. Leise schloss Vince die Tür, während sich Lindsay hastig die blutigen Klamotten vom Leib riss.

Sie sah geschunden aus, überall waren Kratzer, blaue Flecke und verkrustetes Blut. Sie hatte eine Wunde am Auge und die Nase war ebenfalls blutverschmiert. Beim Anblick seiner Schwester wurde Vince so übel, dass er sich sofort übergeben musste.

Lindsay hatte es geschafft, sich zu säubern, äußerlich zumindest. Sie verstand noch immer nicht ganz, in welchem Alptraum sie sich befanden, warum das alles mit ihnen passierte. Was hatten sie nur falsch gemacht?

Als sie wieder langsam über den Flur zurück ins Zimmer gingen, hörten sie plötzlich leises Schnarchen. Nicht weiter darauf Acht gebend, schlichen sie sich zurück ins Zimmer und Lindsay zog sich frische Sachen über. In Vince brodelte inzwischen ein Orkan. Er konnte und wollte nicht zulassen, dass dies noch einmal geschah. Er musste handeln! Sie mussten entkommen!

„Lindsay, ich werde jetzt nachschauen, ob die Luft rein ist. Wir müssen verschwinden, jetzt! Zieh dir so viele Sachen an, wie es geht und pack uns bitte noch etwas in deine Tasche. Ich werde meine mit nach unten nehmen und etwas zum Essen suchen. Ich bin gleich wieder bei dir. Schaffst du das?"

Lindsays Augen füllten sich erneut mit Tränen. Sie war schwach, konnte kaum gehen, wollte aber ihren starken Bruder auch nicht enttäuschen. Ergeben nickte sie, als Vince wieder in den Flur ging.

Es war tatsächlich noch alles ruhig. Das Schnarchen kam aus einem der Räume im Obergeschoss. Vince schaute vorsichtig in das Zimmer.

Mike Brunner lag vor dem großen Bett und schlief. Sein Hemd war aufgeknöpft, seine Hose halb heruntergezogen.

Angewidert und voller Wut wollte Vince auf dieses Schwein eintreten, aus ihm herausprügeln, was er Lindsay angetan hatte. Doch er besann sich eines Besseren. Mikes Zustand könnte ihnen von Nutzen sein.

Als er ins Erdgeschoss hinunter kam, lagen die beiden Frauen auf dem Sofa und schliefen ebenfalls. Ein ekelhafter Alkoholgeruch schlug ihm entgegen.

Schnell ging Vince in die Küche und schaute sich nach etwas Essbarem um. Was er finden konnte, steckte er in seine Tasche, warf sie sich auf den Rücken und lief zurück zu Lindsay.

Sie saß mit der Tasche auf dem Bett.

„Vince?"

„Li, es muss sein, es ist unsere einzige Chance. Sie schlafen und bemerken uns nicht, das gibt uns die Möglichkeit, einen Vorsprung herauszulaufen. Bitte, Li, wir müssen es versuchen, ich flehe dich an!"

Lindsay wusste, dass er Recht hatte.

Sie liefen zusammen aus dem Haus, ohne bemerkt zu werden, aber auch ohne einen Plan, wohin sie gehen sollten.

Zum Glück hatte es aufgehört zu schneien und man konnte schwach erkennen, wo die Straße verlief. Zunächst mussten sie erst einmal dort entlang.

„Ist dir kalt, Li?"

Lindsay schüttelte den Kopf und lief beständig hinter Vince her.

„Weißt du, wir können nicht die ganze Strecke auf der Straße entlanggehen. Dort werden sie uns vielleicht zuerst suchen."

Und sie würden uns bestimmt suchen. Wir waren eine Art Pfand, wir sollten tatsächlich an irgendeinen Mann verkauft werden, der bald hierher kommen wollte.

Mike hatte das in der letzten Nacht immer wieder gesagt, als er... Wieder schüttelte Lindsay den Kopf, um den Gedanken an diese schreckliche Nacht los zu werden. Aber sie hatte nicht vergessen, was Mike Brunner immer wieder gelallt hatte:

„Ich muss dich noch ein bisschen einarbeiten, du kleines süßes Ding, bevor du und dein Bruder verkauft werdet und mir richtig Geld einbringt. Und vorher habe ich noch meinen Spaß!"

Lindsay konnte noch immer sein höhnisches Lachen hören.

„Li, mach, dir keine Sorgen, wir schaffen das schon." Selbst Vince hörte das Zittern in seiner Stimme. Er war sich ganz und gar nicht sicher, wie es weitergehen sollte.

Sie waren eine ganze Weile gegangen, ohne auch nur die kleinsten Anzeichen einer Hütte oder eines bewohnten Hauses zu sehen.

Sie beschlossen, ein Stück in den Wald hineinzulaufen und Rast zu machen.

„Schau, ich habe sogar ein Feuerzeug mitgenommen, wenn wir etwas Holz finden, können wir uns sogar ein Feuer machen, was meinst du?", fragte Vince seine Schwester.

Sie fanden tatsächlich ein Plätzchen im Wald, etwas geschützt, und ein wenig Holz fanden sie auch.

Langsam freundete sich auch Lindsay damit an, auf der Flucht zu sein, es als Abenteuer anzusehen. Alles war besser, als den schrecklichen Gedanken nachzuhängen, die sich allein darum drehten, wie ihr von Mike Brunner wehgetan wurde, sie missbraucht wurde. Sie fühlte sich noch immer schmutzig und unendlich gedemütigt.

Es wurde allmählich dunkel und die Zwillinge gingen eng nebeneinander her.

Unterdessen hatte Frau Welker den erwarteten Anruf ihrer Bekannten aus dem Jugendamt erhalten. Demnach hatte es vor einigen Jahren ein Ehepaar gegeben, das einen Jungen namens Simon Müller adoptiert hatte. Anfangs lief alles sehr gut. Er wohnte ebenfalls mit den Adoptiveltern in einer großen Villa. Doch nach einigen Monaten bekam das Jugendamt Bescheid, dass der Junge verschwunden war. Er wurde nicht wieder gefunden, weder tot noch lebendig, und auch das Elternpaar hatte einige Zeit nach dem Verschwinden von Simon Deutschland verlassen. Das Ehepaar hieß Völker, Katrin und Gunnar. Alles deutete darauf hin, dass es sich um einen anderen Fall handeln musste. Doch bisher hatte sie Mike Brunner noch nicht erreicht. Auch die Hausangestellte ging nicht ans Telefon. Sie musste noch einmal zur Villa fahren.

Nachdem Frau Welker die Anschrift der Villa herausgesucht hatte, fiel ihr auf, dass sie diese Adresse doch erst kürzlich gelesen hatte. Sie kam ihr bekannt vor.

Jetzt wusste sie auch, warum. Die Adresse der Brunners stimmte mit der der Völkers überein.

Ohne lange zu überlegen, rief sie ein Taxi und ließ sich zu den Brunners fahren. Die Fahrt dauerte gute zwei Stunden, genug Zeit also, sich zu überlegen, wie sie vorgehen musste, sollte sich ihr Verdacht bestätigen.

Sollte es sich eventuell doch um das gleiche Ehepaar handeln, wie waren sie durch all die Überprüfungen der Ämter gekommen? Warum hatten sie ihren Namen geändert, wenn es der Fall war und wo war der Junge? Wo war Simon Müller? Frau Welker wusste durch Recherchen nur, dass er als vermisst galt.

Alle diese wirren Zusammenhänge bestätigten auch die Aussage von Emma, der Haushälterin. Sie hatte doch gesagt, sie hatte auch den Jungen betreut, bis er verschwunden war. In diesem Haus, in dem jetzt Lindsay und Vince lebten. Aber hatte sie nicht etwas davon gesagt, dass die Brunners behauptet hätten, Simon wäre bei der Schwester der Frau untergekommen?

Emma wusste also nicht, dass Simon als vermisst galt. Frau Welker konnte nur hoffen, die Brunners und Emma anzutreffen, sie musste die Sache irgendwie aufklären.

Als sie an der Villa angekommen war, bat sie den Fahrer, auf sie zu warten. Vor dem Haus stand weder ein Auto, noch machte es auch sonst den Eindruck, als dass jemand zu Hause war. Die Rollläden im Untergeschoss waren geschlossen.

Selbst wenn die Brunners mit den Kindern unterwegs sein sollten, musste doch Emma zumindest anzutreffen sein.

Doch das Klingeln und Rufen von Frau Welker war erfolglos. Niemand öffnete, es schien tatsächlich niemand da zu sein.

Natürlich konnte es sein, dass die Familie bereits weggefahren war, in die Schweiz, wie sie gesagt hatten, und Emma hatte möglicherweise so lange Urlaub.

Aber davon hatte Herr Brunner nicht konkret gesprochen. Im Gegenteil, vor ein paar Tagen hatte er noch angeboten, einen neuen Termin auszumachen.

Vielleicht sollte sie nicht so schwarz sehen. Vielleicht gab es eine ganz einfache Erklärung für diese ganzen Umstände und sie machte sich einfach nur unnötige Sorgen. Doch das beklemmende Gefühl blieb. Zu Recht!

,,Lindsay? Möchtest du darüber reden, was passiert ist? Kann ich dir irgendwie dabei helfen, es ungeschehen zu machen?"

Vince wusste sich keinen anderen Rat, als Lindsay darauf anzusprechen. Vielleicht würde es ihr wirklich helfen, darüber zu reden. War das nicht besser, als es in sich hineinzufressen?

Aber vielleicht sollten sie die Sache auch einfach vergessen. Er wollte nur, dass es ihr wieder gut ging und sie keine Schmerzen mehr hatte.

Lindsay wollte nicht reden.

Die Kinder saßen schweigend vor dem kleinen Feuer, das sie ein wenig wärmte. Sie mussten dringend noch ein wenig Holz sammeln, so dass sie nachts nicht frieren mussten. Und morgen ging es ganz schnell weiter, irgendwohin, in ein Dorf oder auch nur in irgendeinen Unterschlupf, nur nicht wieder zurück.

„Lindsay, wir haben nächste Woche unseren 10. Geburtstag, bis dahin haben wir bestimmt einen Ort gefunden, an dem wir willkommen sind."

„Versprichst du es mir, Vince?", fragte Lindsay zögernd nach, obwohl sie genau wusste, dass er das nicht konnte. Aber sie wollte ein Gefühl der Sicherheit, nur ein bisschen, mehr nicht und die bekam sie nur von ihrem Bruder.

„Na klar verspreche ich es, Li", antwortete Vince, selbst nicht überzeugt davon, ob er Recht behalten würde. Aber er wünschte es sich mehr als alles andere und er versuchte, daran zu glauben. Denn der Glaube konnte Berge versetzen, hatte Frau Welker immer gesagt.

Seit langem saßen die Kinder wieder eng zusammen, die Hände im Schoß gefaltet und beteten.

„Was zur Hölle ist hier los, verdammt!" Mikes laute Stimme dröhnte durch das ganze Haus.

„Wo sind diese verdammten Gören?"

Mike war wohl schon wieder so geistesgegenwärtig, dass er bemerkt hatte, dass die Kinder nicht in ihrem Zimmer waren und auf seine Befehle warteten.

Er ging zum Treppenabsatz. Beinahe wäre er noch über seine Hose gestolpert, die ihm noch an den Knien hing, und hinuntergestürzt.

Er konnte sich noch abfangen und ihm wurde bewusst, warum er so herumlief. Er konnte sich ein dreckiges Lachen nicht verkneifen. Doch als er hinunterkam, die Frauen schlafend auf der Couch vorfand und die Kinder auch hier nicht waren, verdüsterte sich seine Stimmung schlagartig. Er stieß die Tür zur Küche auf. Als er in den Kühlschrank schaute und bemerkte, dass fast die gesamten Vorräte verschwunden waren, wusste er Bescheid.

In seinem kranken Hirn formte sich ein Bild, das unaussprechlich war, ihm aber Befriedigung verschaffte. Wenn er die elenden Bälger finden würde, würde er sie dafür büßen lassen und es auskosten.

Er schwankte hinüber zu den Frauen, deren Zustand nicht besser war als sein eigener.

„Bewegt euch, wir müssen die Bälger finden, bevor sie abgekratzt sind. Dann bringen sie uns kein Geld mehr."

Verwirrt schauten sich die Frauen an.

„Sie sind weg?"

„Sieht so aus, Katrin, und jetzt bewegt euch, sie können nicht weit sein!", antwortete Mike.

„Diese Missgeburten! Und übrigens, Gunnar, ich heiße Nancy, schon vergessen, Mike?"

Mit einem süffisanten Lächeln schaute sie zu ihrem Mann hinauf, dessen Neigungen sie doch so liebte.

Es hatte nur wenig geschneit, zum Glück einerseits. Denn was die Zwillinge nicht bedacht hatten, war, dass man ihre Spuren im Schnee sehr gut verfolgen konnte. Allerdings war es durch den Schneefall auch recht schwierig, ein Feuer am Brennen zu halten. Nachdem Vince vergeblich versucht hatte, noch etwas Holz für ein Feuer zu finden, schlug er vor, noch ein Stück durch den Wald zu gehen, um einen besseren Platz zu finden.

Lindsay hatte nichts dagegen, die Bewegung würde ihnen gut tun und sie konnten sich so etwas aufwärmen.

Als sie eine Weile gelaufen waren, kamen sie an eine Art Lichtung mit einem Abhang. Beide standen ehrfürchtig am Rand und schauten hinunter ins Tal.

„Schau, da unten ist ein Dorf! Kannst du die Häuser sehen?" Lindsay war völlig außer sich!

Das war ja wie ein Traum! Sie hatten es geschafft, innerhalb nur weniger Stunden einen sicheren Platz zu finden. Sie mussten nur noch dorthin gelangen. Aber wie? Es sah von hier oben nicht weit aus, doch konnten sie ja schließlich nicht einfach den Berg hinunterlaufen. Sie mussten einen Weg finden, um ins Dorf zu kommen.

Vince fand kaum Worte. In seinem Kopf formte sich bereits eine konkrete Vorstellung von einem perfekten Heim. Ein Kaminfeuer, heißer Kakao und ein älteres Ehepaar, welches sich rührend um seine Schwester und ihn kümmerte. Traumhaft!

Aber noch war es nicht soweit! Langsam wurde es dunkel. Es musste spät am Nachmittag sein und sie mussten dringend einen Unterschlupf für die Nacht finden. Es war unmöglich, noch heute in dieses Dorf zu kommen.

„Lass uns hier nach einem Weg suchen, den wir noch ein Stück nach unten gehen können.", sagte Vince und zog Lindsay mit sich.

Tatsächlich sah es so aus, als führte dieser Weg ins Tal. Doch nachdem sie noch ungefähr eine Stunde gegangen waren, zog sich der Himmel zu und es begann zu schneien. Nicht nur das, es wurde auch immer dunkler.

„Vince, wir müssen die Nacht hier irgendwo verbringen, wir kommen nicht weiter.", gab Lindsay zu bedenken.

„Nur noch ein Stück, bitte, dann suchen wir uns einen Platz.", antwortete er.

Nach kurzer Zeit fanden sie in einem Waldstück einen trockenen Platz. Es war ein kleiner Felsvorsprung, unter dem eine Höhle sein konnte.

Ohne große Worte suchten die Kinder ein wenig Holz zusammen und versuchten, ein Feuer zu machen. Es war nicht ganz einfach, denn durch den Neuschnee war fast jedes Stück Holz nass und unbrauchbar.

Als sie es schließlich geschafft hatten, kuschelten sich die beiden eng aneinander und aßen ein wenig von dem Brot, das Vince in der Küche mitgenommen hatte. Viel war nicht mehr übrig und sie mussten sparsam sein.

„Es wird uns hier draußen nichts passieren, oder, Vince? Ich habe ein bisschen Angst.", flüsterte Lindsay.

„Nein, unsere Eltern werden uns beschützen und auf uns aufpassen, ganz bestimmt. Es wir uns nichts geschehen. Und morgen werden wir sicher ins Dorf kommen, dann wird alles gut."

Plötzlich musste Lindsay kichern.

„Was ist?", fragte Vince.

„Ach weißt du, ich fühle mich gerade wie in dem Märchen von Hänsel und Gretel, nur dass wir nicht zu den bösen Eltern zurückwollen."

„Ja.", lachte Vince.

„Und siehst du, in dem Märchen wird zum Schluss auch alles gut!"

Ja und Mike Brunner wird im Feuer verbrennen, dachte Lindsay, bevor sie erschöpft mit dem Kopf auf Vince' Schulter einschlief.

Nach einem starken Kaffee, der seine Sinne nach all dem Alkohol wieder ein wenig geschärft hatte, ging Mike zunächst zu Fuß los, um nach den Kindern zu suchen. Wenn er sie in der Nähe der Hütte finden würde, wäre es leicht, sie zurückzubringen. Für den Fall, dass sie sich wehren würden, hatte er die K.O.-Tropfen griffbereit.

Als er sie nach einiger Zeit nicht in der näheren Umgebung gefunden hatte, ging er ein Stück die Straße entlang. Es hatte wieder ein wenig geschneit. Hier oben kam sonst niemand vorbei und *wenn es stärker schneien würde, könnte er die Spuren im Schnee nicht mehr verfolgen, die erst wenige Stunden alt waren.*

„Bald hab ich euch, ich werde euch finden, egal, wo ihr euch versteckt, und ihr werdet dafür bezahlen, so ungehorsam gewesen zu sein. Ich werde euch Respekt einbläuen und wenn ich euch dann endlich verkaufen kann, seid ihr perfekte und willige kleine Teufel!"

Mike konnte sich bei dem Gedanken daran ein grollendes Lachen nicht verkneifen.

„Komm schon, zieh dich an, wir suchen die Bälger mit dem Wagen, weit können sie nicht gekommen sein! Aber es wird bald dunkel!", *herrschte er seine Frau an und stapfte zum Auto. Keine zehn Minuten später waren die beiden unterwegs.*

Lindsay war fest eingeschlafen, obwohl es noch nicht einmal richtig Nacht war. Vorsichtig legte Vince seine Schwester mit dem Kopf auf seine Tasche. Aus der anderen zog er ein paar Kleidungsstücke, um sie zuzudecken. Er beobachtete sie eine Weile. Er konnte ihren Schmerz und ihre Angst in ihrem Gesicht sehen, er würde alles darum geben, es wieder gut machen zu können.

222

Vince legte noch einmal Holz auf und machte es sich neben Lindsay gemütlich. Noch lange starrte er gedankenverloren ins Feuer, bevor auch ihm die Lider schwer wurden und er einschlief.

30

„Mr Walthers, ich muss zugeben, ich bin momentan sprachlos und brauche selbst ein wenig Zeit, mich damit auseinander zu setzen."

Vince schaute Dr. Nakata regungslos an. Wenn der Doktor schon jetzt so reagierte, wie würde es dann erst aussehen, wenn er die ganze Geschichte kannte? Bisher hatte Vince ihm noch nicht viel erzählt, nur einen kurzen Abriss seiner Kindheit mit seiner Schwester. Wie er sie verloren hatte, wusste Dr. Nakata noch nicht.

„Ich möchte, dass wir weitermachen Mr Walthers, ich möchte ihnen gerne helfen können. Was meinen sie?"

Vince musste gar nicht so lange darüber nachdenken. Er fühlte sich bei Dr. Nakata wohl, er hatte das Gefühl, dass es richtig war, über seine Probleme zu sprechen.

„Gerne Doktor, ich würde gerne wiederkommen und eine Therapie beginnen.", sagte Vince.

Dr. Nakata nickte zustimmend.

„So wie ich ihre Probleme momentan einschätze, haben sie starke Schuldgefühle, daran müssen wir arbeiten. Bitte, lassen sie sich draußen Termine geben, Mr Walthers."

Als Vince nach Hause kam, waren alle schon da. Er hörte die Kinder bereits im Flur toben.

Debbie stand in der Küche und bereitete das Abendessen vor. Vince umschloss sie von hinten und vergrub sein Gesicht in ihrer Halsbeuge. Er atmete ihren Duft ein, den er so mochte. Jetzt war er zu Hause! Mit Debbie war er wirklich ange-kommen.

„Ich muss mit dir reden Schatz.", flüsterte Vince.

„Ich auch mit dir, ich habe eine tolle Neuigkeit für dich!" Debbie drehte sich zu ihrem Mann um, nahm sein Gesicht in ihre kleinen Hände und schaute ihm tief in die Augen.

„ Ich liebe dich, Vince Walthers!" Debbie fand seine Lippen und nahm ihm mit ihrem innigen Kuss fast den Atem.

„Und ich dich, so sehr, Liebling!", brachte Vince heraus, als sie sich von ihm löste. Debbies Augen begannen zu leuchten. Ja, es war die alles ein-nehmende Liebe, die sie füreinander empfanden, die Liebe, die sich jeder im Leben wünscht und vielleicht nie findet. Nichts konnte ihnen passieren, wenn sie zusammen waren, gar nichts!

„Du zuerst.", begann Debbie und erinnerte Vince daran, mit ihr reden zu wollen, wobei er mit seinen Gedanken jetzt ganz woanders war.

„Okay, setzen wir uns.", sagte Vince.

Als sie ihm so gegenüber saß, übermannte ihn wieder sein schlechtes Gewissen, weil er nicht vorher mit ihr gesprochen hatte. Doch als er begann, von seiner ersten Sitzung und Dr. Nakata zu erzählen, stand Debbie plötzlich auf und ging auf Vince zu. Sie setzte sich auf seinen Schoß und umarmte ihn fest.

„Endlich! Ich bin so stolz auf dich!", flüsterte sie Vince ins Ohr. „Nie hätte ich für möglich gehalten, dass du diesen Schritt gehen würdest!", sagte sie und lächelte ihn mit tränennassen Augen an. „Ich habe es mir so lange für dich gewünscht, denn ich glaube fest daran, dass dir eine Therapie helfen wird. Du hast immer nur alles mit dir selbst ausgemacht und, Schatz, das schafft kaum jemand."

Wieder umarmte Debbie ihren Mann. Vince wusste zunächst nichts zu antworten. Er war so unglaublich überwältigt von der Reaktion seiner Frau, dass es ihm die Kehle zuschnürte. Tränen liefen ihm über die Wangen und er ließ es geschehen. Es waren Tränen der Freude und der Trauer, Tränen der Erlösung und der Hoffnung, von seiner Schuld befreit zu werden.

Als er Debbie ansah, hatte er das Gefühl, ihr direkt in die Seele zu schauen.

„Es wird alles gut, zusammen schaffen wir das. Danke für deine Kraft und deine Liebe, mein Engel!"

Als die Kinder wenig später in die Küche gerannt kamen, saßen Debbie noch immer auf Debbies Schoß.

„Mama, wann können wir essen?", fragte Dana und zerrte ihrer Mutter am Shirt. Lachend drehte sich Debbie zu ihr um und strich ihrer Tochter über den Kopf.

„Jetzt, mein Liebling, deckst du mit deiner Schwester bitte den Tisch?"

„Mama, hast du geweint?", fragte Dana erstaunt, als sie ihre Mutter ansah.

„Nein, mein Schatz, es ist alles in Ordnung."

Ungläubig kniff die Kleine die Augen zusammen und schaute zwischen ihren Eltern hin und her.

„Lass mal, Dana, unsere Eltern sind eben Heulsusen.", mischte sich Ellen mit wissendem Blick ein.

„Aha, Heulsusen also? Soll dich die Heulsuse mal ganz arg knuddeln, du kleine freche Maus?", sagte Vince und rannte schon im nächsten Moment seiner Tochter hinterher, die kreischend in den Flur flüchtete.

Als die Kinder später im Bett waren, machten es sich Vince und Debbie auf der Couch bequem.

„Und, Schatz, was wolltest du mir erzählen?"

Debbie kuschelte sich eng an ihren Mann und begann ihm von ihrer Begegnung mit Miranda Blake zu erzählen.

Vince hörte ihr aufmerksam zu, wobei ihm nicht entging, wie begeistert seine Frau war. Diese Miranda schien sie sehr zu faszinieren und nach all dem, was Vince bis jetzt gehört hatte, konnte er das gut verstehen. Wobei er sich des Eindruckes nicht erwehren konnte, dass mit dieser Frau etwas nicht stimmten konnte. Es kam ihm suspekt vor, dass sie sich Debbie gegenüber so reserviert verhielt und offensichtlich nur zu ihrem Mann eine uneingeschränkte Offenheit lebte. Es kam Vince so vor, als ob es eine zu starke Abhängigkeit zwischen Miranda und Robert gäbe, die, zumindest nach Debbies Erklärungen zu urteilen, nicht ganz gesund war.

„Stell dir vor, sie saß im Vorzimmer und ich habe sie angesprochen und sie hat nicht einmal reagiert. Beinahe hätte ich sie wegschicken lassen, wäre nicht Robert hinzugekommen."

Debbie konnte es immer noch nicht glauben.

„Weißt du, sie hat erst mit mir geredet, als er dabei war. Es war total komisch."

Ungläubig schüttelte Debbie den Kopf.

„Aber dann, als wir miteinander geredet haben, kam es mir so vertraut und angenehm vor. Sie wirkte auf mich nicht wie eine Frau, die nicht weiß, was sie will. Im Gegenteil, ich hatte eher das Gefühl, dass Robert ihr mehr oder weniger jeden Wunsch erfüllen würde.", sagte Debbie.

„Ich weiß nicht so recht, ich habe sie zwar nicht gesehen, geschweige denn kennen gelernt, aber es hört sich für mich so an, als würden die beiden etwas verbergen oder vielleicht ein anderes Ziel verfolgen. Ist es möglich, dass es gar nicht in erster Linie um die Veröffentlichung dieses Romans geht?", entgegnete Vince.

Debbie schnappte sich ein Kissen und schlug Vince damit in gespielter Ernsthaftigkeit auf die Brust.

„Du alter Zweifler! Du kannst den Anwalt in dir aber auch nicht ausschalten, oder?"

Vince nahm seine Frau in die Arme, warf sie zurück auf die Couch und kitzelte sie.

Laut lachend ließ sie es sich gefallen und wehrte die „Angriffe" ihres Mannes nicht einmal ab. Sie nahm blitzschnell sein Gesicht in beide Hände und beendete den „ Kampf" mit einem fordernden Kuss.

„ Hm…das gefällt mir viel besser.", flüsterte Vince heißer.

Debbie lächelte in sich hinein, ließ ihn aber ganz plötzlich noch einmal los, um ihm tief in die Augen zu sehen.

„Aber das Unglaublichste an dieser Begegnung mit Miranda war, dass ich das Gefühl hatte, sie zu kennen. Irgendetwas an ihr kam mir so vertraut vor, es war faszinierend, Vince."

Eigentlich war Vince mit den Gedanken schon wieder ganz woanders, doch er schaffte es irgendwie, Debbie noch zuzuhören, auch wenn er viel lieber ihren schlanken Hals geküsst hätte…

„Was meinst du genau? Was an ihr kommt dir bekannt vor?", fragt Vince, bevor er sich dem Ohr seiner Frau widmete und vorsichtig daran zu knabbern begann.

Ein wohliger Schauer durchfuhr Debbie. „Es sind ihre Augen, Schatz.", sagte Debbie leise, bevor sie sich mit Vince auf einer Welle der Lust davontreiben ließ.

31

Diese seltsamen Träume hatte Vince in letzter Zeit viel zu oft. Wieder kamen ihm die liebevoll vertrauten Gesichter seiner Eltern in den Sinn, das Lachen seiner Mutter, die beruhigende Stimme seines Vaters. Es war bisher immer schmerzhaft gewesen, an sie zu denken und von ihnen zu träumen, doch er wusste, dass er für Lindsay stark sein musste und mit ihr zusammen ein Leben voller schöner Erinnerungen würde haben können.

Jetzt kam es ihm so vor, als wäre sein Vater tatsächlich bei ihm. Er konnte ihn fast spüren. Schnell versuchte er, nach ihm zu greifen, er wollte ihn bei sich haben. Vince brauchte ihn und seine Mutter jetzt so sehr. Seine Eltern würden ihn und Lindsay aus den Klauen dieser Brunners retten können.

Er hörte die Stimme seines Vaters ganz deutlich, er musste ihm erzählen, was passiert war, dass sie in Gefahr waren.

Kurz öffnete Vince die Augen, sah zu Lindsay hinunter, die noch immer friedlich neben ihm schlief, und versuchte, sich nach der Stimme zu orientieren. Auch eine Frauenstimme konnte er ganz leise hören. War es die seiner Mutter? Träumte er noch oder war er wach? Es knisterte etwas in seiner Nähe und die Stimmen verstummten. Das Feuer, dachte Vince, es knistert noch, nichts weiter. Er schloss schlaftrunken die Augen, um seinen Eltern wieder ganz nah sein zu können, und tatsächlich konnte er die Stimmen wieder hören.

„Papa!", murmelte Vince in sich hinein. Ein stechender Geruch nahm ihm ganz plötzlich den Atem und er schnappte automatisch nach Luft. Aber vergeblich.

„Papa? Ha, das wäre ja noch schöner, du durchtriebener Bengel!", lachte Mike Brunner, als er die leblosen Kinderkörper hinter sich her zum Wagen zog.

„Tja, meine Liebe, jetzt weißt du, wozu solche K.O.-Tropfen gut sind. Man kann sich das elende Geschrei dieser Kinder ersparen.", sagte Mike zu seiner Frau, die am Wagen auf ihn wartete.

Es war nicht schwer gewesen, die Kinder zu finden. Die Spuren hatten sie verraten und auch der Neuschnee, der am Nachmittag gefallen war, hatte die Spuren nicht ganz verdecken können.

Außerdem war in der Nacht auch das kleine Feuer der Kinder unter dem Felsvorsprung sehr gut zu erkennen gewesen, was Mike und Nancy

231

schließlich zu den Zwillingen geführt hatte. Dennoch kam Mike nicht umhin anzuerkennen, wie weit die Kinder doch allein gekommen waren.

Gott, war das auf einmal hell. Schützend legte sich Vince die Hände über die Augen und gleichzeitig spürte er eine dermaßen starke Übelkeit in sich aufsteigen, dass er sofort zu würgen begann.

Vince versuchte sich zu orientieren. Es war dunkel, aber er konnte spüren, dass er auf etwas Kaltem lag. Einem Stein vielleicht? Leise rief er nach Lindsay, doch sie antwortete nicht. Ob sie noch schlief? War es noch Nacht und das Feuer war ausgegangen? Es war so kalt und Li lag doch ganz nah bei ihm.

„Lindsay, wo bist du?", fragte Vince ängstlich. Ihm wurde wieder übel, doch er konnte es vermeiden, sich zu übergeben. Wo war Lindsay? Er rief immer lauter nach ihr und tastete dabei den Boden neben sich ab. Das war doch kein Waldboden oder ein bloßer Stein, das war Beton, auf dem er lag! Wo war er? Unvermittelt wurde Vince ganz leise. Er versuchte, die Geräusche um sich herum zu deuten. Aber weder Vogelgezwitscher noch das Rauschen des Windes im Wald war zu hören.

Das war doch nicht möglich. Jetzt sah er einen schmalen Lichtschein und tastete sich vorsichtig darauf zu.

Das Licht fiel durch eine alte Tür herein und schlagartig erkannte Vince, wo er war. Er kannte diese Tür und den Treppenaufgang, den er durch den schmalen Schlitz sehen konnte.

Er war in dem Keller, den er mit Lindsay gefunden hatte, als sie sich bei dem Haus nach einem Ausweg umgesehen hatten.

Er war nicht mehr mit Lindsay im Wald! Sie antwortete nicht, weil sie nicht mehr hier bei ihm war! Die Brunners hatten sie gefunden und zurückgebracht!

Vince schrie jetzt aus Leibeskräften, schlug hysterisch an die Tür und rief so laut nach Lindsay, dass es in seinem Kopf widerhallte. Nach ein paar Stunden sackte er schließlich erschöpft und tränenüberströmt zusammen und schlief ein.

Vince wachte auf. Er konnte nicht sagen, ob es Tag oder Nacht war und wie lange er geschlafen hatte. Langsam kam die Erinnerung zurück. Es war dunkel im Kellerraum, aber in einer Ecke des Raumes brannte eine Kerze. Es war eine große Kerze in einem alten Einmachglas und daneben stand ein Teller mit einem Stück Brot. Auch eine Flasche Wasser stand da.

Es musste also jemand hier gewesen sein, als er schlief.

Hungrig schlang Vince ein Stück Brot hinunter und trank einen Schluck Wasser. Nur einen kleinen Schluck, um die immer noch andauernde Übelkeit hinunterzuspülen.

Es war jemand bei ihm gewesen, um ihm etwas zum Essen zu bringen, doch er wusste nicht, wann er wieder etwas bekam. Also legte er das Brot wieder weg. Aber es war doch bestimmt ein gutes Zeichen, wenn sie ihm Essen brachten. Sie wollten ihn also nicht sterben lassen. Und wenn sie ihn am Leben ließen, würden sie es auch mit Lindsay tun.

Vince schöpfte Hoffnung. Er erinnerte sich an den Abend, als er die Erwachsenen belauscht hatte. Sie hatten irgendein Treffen geplant, bei dem sie ihn und Lindsay verkaufen wollten. Zumindest hatte es sich genau so angehört. Das war zwar absolut nicht gut, aber was konnte schlimmer sein als ihre jetzige Situation? Vince konnte nur hoffen, dass es Lindsay gut ging, dass sie nicht wieder von Mike verletzt wurde. Er wurde seiner Angst kaum Herr! Er musste irgendwie zu ihr. Wenn er sich sehr gut benehmen würde, und alles machen würde, was die Brunners von ihm verlangten, gäbe es vielleicht eine Chance, zu Lindsay zu kommen. Er musste einfach wissen, dass es ihr gut ginge. Und dann, dann würde er sie befreien, sie würden wieder weglaufen und dieses Mal würden sie es schaffen.

Das kleine Fünkchen Hoffnung hielt Vince bei Verstand. Nun hieß es nur noch abwarten, bis jemand kam, wobei ihm bei dem Gedanken daran auch nicht ganz wohl war. Wenn es Mike war, würde er ihn bestimmt schlagen, weil er mit Lindsay weggelaufen war. Doch das würde er riskieren müssen.

Langsam tastete er sich mit der Kerze in Richtung Tür, um herauszufinden, ob es Tag oder Nacht war. Durch den Türspalt konnte er sehen, dass der Mond schien und ein paar Sterne den Himmel erleuchteten. Es war also Nacht.

Der Türspalt war gerade so groß, dass ein Finger von Vince hindurchpassen würde. Ohne weiter nachzudenken, versuchte er den Türspalt durch das Kratzen mit seinen Nägeln zu vergrößern. Tatsächlich bekam er auch ein paar Splitter ab, doch viel war es nicht. Er brauchte ein Werkzeug, um weiterarbeiten zu können.

Langsam erwachte der Tag. Vorher hatte er nie so genau darauf geachtet, wie gut so ein Morgen tat, wie schön es war, das Tageslicht zu sehen. Jetzt, da er in diesem Kellerraum festsaß, lernte er es mehr denn je zu schätzen, zumal ihm nur ein kleines Stück durch den Spalt einer alten Kellertür vergönnt war. Wie ein Sterbender kniete sich

Vince an die Tür und sog den Duft und das wunderbare Leuchten des Morgens in sich auf. Es war kühl, doch Vince fror nicht. Es war richtig Winter geworden und gerne hätte er mit Lindsay im Schnee getobt, Schneemänner gebaut und eine Schneeballschlacht gemacht. Doch alles, was ihm von seinen Träumen geblieben war, war diese erfrischende Kostprobe eines neuen Wintermorgens durch eine knorrige Kellertür.

Plötzlich zuckte Vince zusammen und hielt inne! Was war das eben? Hatte er richtig gehört? War da eine Stimme?

So richtig deuten konnte Vince das Geräusch nicht. Wenn er es nicht besser gewusst hätte, hätte er geglaubt, eine Katze jammern zu hören. Doch in diesem Haus gab es keine Katzen.

Mit einem Mal durchfuhr ihn ein brennender Schmerz. Lindsay! Es musste Lindsay sein! Sie weinte! Sie hatten ihr wieder weh getan!

Wie ein Besessener schlug Vince gegen die Tür.

„Hört auf! Lasst sie in Ruhe! Lasst mich hier raus!"

Er schrie verzweifelt, bis er plötzlich einen Schlag gegen den Kopf bekam und nach hinten taumelte.

Im ersten Moment wusste er nicht, was geschehen war. Die Hand am schmerzenden Kopf blinzelte er in das grelle Licht, welches auf einmal den Raum erfüllte.

Ein weiterer Schlag traf hart seine linke Wange und Vince fiel nach hinten auf den Boden. Es wurde wieder dunkel um ihn herum. Nur halb bei Bewusstsein hörte er die Stimme des Mannes, die er schon einmal mit der seines Vaters verwechselt hatte. Doch diesmal ließ sich Vince nicht noch einmal täuschen.

Es war Mike! Seine Drohungen kamen nur bruchstückhaft bei Vince an, aber dennoch verstand er. Es dauerte nicht lange, bis die Tür wieder ins Schloss fiel.

Vince war wieder allein. Eine warme Flüssigkeit floss langsam an Vince' Wange herunter. Er nahm es kaum wahr, die Schmerzen waren kaum noch zu spüren. Vince verlor das Bewusstsein.

„Was hast du mit ihm gemacht? Warum ist der Junge jetzt so still?“, fragte Nancy, als Mike wieder ins Haus kam.

„Weil ich ihm das Maul gestopft habe! Was meinst du wohl?“, entgegnete Mike schroff.

Im oberen Schlafzimmer war noch immer die leise Stimme von Lindsay zu hören. Sie sang vor sich hin, um die erneute Vergewaltigung durch Mike einfach zu vergessen. Etwas anderes blieb *ihr nicht übrig, sie hatte einfach keine Chance, sich gegen diesen Mann zu wehren. Und die beiden Frauen waren nie da, um ihr zu helfen. Sie schienen es zu tolerieren.*

Lindsay krümmte sich vor Schmerzen. Das Bett war mittlerweile blutdurchdrängt und eigentlich wünschte sie sich nur noch einzuschlafen. Sterben wäre eine Erlösung.

„Ich will mich ja nicht einmischen, aber wir drei haben eine Abmachung, falls ihr euch erinnert. Mit meinem Boss war ausgemacht, die Kinder unversehrt zu übergeben. Aber so, wie ich die Sache einschätze, hast du die beiden schon ziemlich zugerichtet, Mike!“ Frau Keller baute sich vor Mike auf.

„Ich habe absolut nichts gegen deine Neigungen, mein Lieber, und auch ich hasse Kinder abgrundtief, aber ich möchte deshalb nicht mit meinem Boss aneinander geraten. Er kommt in ein paar Tagen. Bis dahin sollten die Gören wieder einigermaßen ansehnlich aussehen!“

Der durchdringend drohende Blick von Mike Brunner ließ Frau Keller einen Schritt zurück - weichen.

„Schatz, sie hat Recht. Wenn du sie umbringst, bekommen wir kein Geld für sie. Sei vernünftig und reiß dich ein bisschen zusammen.“

Zärtlich schmiegte sich Nancy an ihren Mann.

Manchmal dachte sie wirklich ernsthaft darüber nach, wie sie lebten. Bevor sie Gunnar bzw. Mike kennen gelernt hatte, war sie eine ganz normale junge Frau gewesen, die von der großen Liebe träumte. Doch als ihr damals Gunnar über den Weg lief, änderte sich ihr Leben schlagartig. Aus der Katrin von damals wurde eine abhängige Frau, die ihrem Mann bei allen Dingen den Rücken frei hielt, so abartig und falsch sie auch waren. Sie wurde zu Nancy Brunner, die mit ansah, wie ihr Mann ein kleines Mädchen vergewaltigte und einen kleinen Jungen fast zu Tode prügelte. Sie wurde zu einer Frau, die all das nicht nur tolerierte, sondern auch noch unterstützte und die kriminellen Machenschaften ihres Mannes für bewundernswert hielt.

Ja, das war ihr Leben und sie liebte es. Wenn sie die beiden Kinder endlich los hatten, würden sie noch reicher sein und Nancy konnte es kaum erwarten.

32

Es hatte gar nicht so lange gedauert, einen neuen Termin bei Gericht zu bekommen. Vince hatte mit Kirsten Donald gesprochen und versucht ihr zu erklären, dass sie möglicherweise nicht am Tod ihres Stiefvaters schuld war. Kirsten konnte es zunächst gar nicht glauben und wenn Vince ehrlich war, war auch er nicht davon überzeugt, dass Kirsten vor Gericht mit ihm zusammen für ihre Freiheit kämpfen würde.

Es ging ihr gar nicht wirklich darum, frei zu sein. Sie war einfach nur glücklich darüber, das Monster von Stiefvater unter der Erde zu wissen und ihren kleinen Bruder Jason in Sicherheit. Natürlich würde sich Kirsten von Herzen freuen, Jason wiederzusehen, ihn in den Armen halten zu können und ihm erklären zu können, dass jetzt alles gut werden würde. Doch ihr unerschütterlicher Glaube an das Gute reichte nicht aus, sich selbst davon zu überzeugen, dass sie für ihre Tat nicht bestraft werden würde.

In Anbetracht der neuen Beweise und der erheblichen Zweifel an der Todesursache von Jasons Vater wurde Kirsten Donald erneut in den Zeugenstand gerufen.

Sie wurde aufgefordert, noch einmal genau zu berichten, was sich in dieser Nacht abgespielt hatte. Und Kirsten begann. Und sie war gefasst und beherrscht wie Vince gegenüber. Sie war stark und selbstbewusst. Man spürte ihre Liebe zu Jason und die absolute Überzeugung, immer wieder alles für ihn zu tun.

Als Kirsten geendet hatte, war es einige Minuten still im Raum. Nicht nur Vince konnte nicht gleich das Wort ergreifen, nein, auch dem Richter und den Geschworenen hatte es für einen Augenblick die Sprache verschlagen.

Vince wurde von seiner Vergangenheit eingeholt. Unaufhaltsam kamen nacheinander die Bilder zurück, die er verdrängt hatte. Lindsay blutüberströmt auf dem Bett in diesem Haus in den Bergen, die Schreie und die Angst in ihren Augen und das letzte Bild von ihr… .

Kirsten starrte noch immer zu Boden, als Vince schließlich begann, die Akte von Dr. Gibbson, Jasons Arzt, als Beweismittel vorzulegen.

„Mr Thomas Price wäre laut der Aktenlage auch ohne die Fremdeinwirkung durch meine Mandantin zu Tode gekommen. Ich bitte Sie daher, das Urteil zu überdenken!"

Auch jetzt blieb es wieder still im Gerichtssaal, bis langsam die Tür geöffnet wurde. Erst jetzt hob auch Kirsten den Blick. Augenblicklich rannen ihr Tränen über die Wangen und sie stand einfach auf, ohne aus dem Zeugenstand entlassen worden zu sein. Aber der Richter sah es ihr nach. Kirsten rannte den Gang entlang zur Tür, ließ sich auf die Knie fallen und nahm Jason in ihre Arme.

Vince hatte sich darum bemüht, Jason zur Verhandlung kommen zu lassen. Die Betreuerin des Jungen konnte keine konkrete Zusage machen, umso freudiger überrascht war jetzt auch Vince, den kleinen Mann hier zu sehen.

Die unglaubliche Liebe zwischen den beiden war so deutlich zu spüren, dass sich die Frage gar nicht erst stellte, ob der Richter einem Umgang zwischen den beiden zustimmte oder nicht.

Vince freute sich so sehr für die Geschwister. Kirsten hatte es geschafft, ihren kleinen Bruder zu retten, sie war rechtzeitig gekommen, um ihn versorgen zu lassen, auch wenn sie nicht hatte verhindern können, dass Jason von seinem eigenen Vater misshandelt wurde.

Wie gerne hätte Vince die Zeit zurückgedreht und es Kirsten gleichgetan.

Das Urteil wurde vertagt, aber Kirsten und Jason wurde die Möglichkeit gegeben, noch ein paar Stunden unter Aufsicht im Haftraum zu verbringen.

„Danke! Danke, dass ich meinen kleinen Zwerg hier sehen durfte!", sagte Kirsten zu Vince und knuffte Jason dabei liebevoll in die Wange. Er ließ es sich gerne gefallen und schmiegte sich noch enger an seine Schwester.

„Es wird gut werden, Ms Donald.", gab Vince zurück und verabschiedete sich.

Im Flur wurde Vince von der Mitarbeiterin des Kinderheimes aufgehalten, in dem Jason untergekommen war.

„Mr Walthers, ich möchte Sie um etwas bitten." Vince nickte.

„Es ist so, unsere Einrichtung wird von einer Organisation unterstützt, die sich speziell um missbrauchte Kinder kümmert. Ich würde Jason gerne in das Programm aufnehmen lassen, um ihm bei der Verarbeitung seiner Erlebnisse besser helfen zu können. Wären Sie so freundlich, mit Ms Donald darüber zu reden? Ich möchte, dass sie einverstanden ist, egal, wie die Geschworenen entscheiden. Ich möchte sie mit einbeziehen in Jasons Erziehung. Ich kann sie so gut verstehen."

Die Frau schaute beschämt zu Boden. Jemanden im Geiste zu unterstützen, der einen anderen Menschen lebensgefährlich verletzt hatte, aus welchen Gründen auch immer, war die eine Sache. Doch es laut auszusprechen, eine andere.

„Ich bin ganz Ihrer Meinung und ich hoffe, die Geschworenen sind es auch. Hätten Sie denn ein paar Informationen für mich?", fragte Vince nach. Die Betreuerin gab Vince ein Faltblatt in die Hand.

„Hier finden Sie und Ms Donald alles Wichtige. Ich danke Ihnen, Mr Walthers."

Vince griff zum Handy, um Debbie schnell Bescheid zu geben, wie es vor Gericht gelaufen war.

Sie war noch im Büro, würde aber gleich die Kinder abholen. In ein paar Stunden hatte Vince wieder einen Termin bei Dr. Nakata, auf den er sich sogar freute. Er hatte das Gefühl, dass es ihm wirklich half, mit jemandem über alles zu reden.

„Liebling, ich habe gleich noch einen kurzen Termin mit Robert Blake. Ich bin so gespannt, er hat um ein Treffen gebeten. Ich erzähle dir alles heute Abend, ja? Ich freue mich so für Kirsten. Und, Schatz, entspanne dich nachher bei Dr. Nakata, er kann dir helfen. Ich liebe dich!"

33

Ein knarrendes Geräusch war ganz leise zu hören und mit einem Mal wurde es kurz hell im Raum. Vince lag zusammengekauert auf dem kalten Boden und zitterte. Es war eine so unglaubliche Kälte in diesem Keller, dass Vince seine Finger- und Fußspitzen nicht mehr spürte.

Er schaute kurz auf und wurde schon im nächsten Moment hochgezogen. Schützend versuchte er die Hände vors Gesicht zu halten. Man nahm ihm die Hände weg und jemand wusch ihm mit einem warmen, feuchten Lappen über die schmerzenden Wangen. Es war ein wundervolles Gefühl. Vince sog die Wärme in sich auf, als könne er sie so festhalten.

Wieder blinzelte er, erkannte aber wegen der ungewohnten Helligkeit niemanden.

„Dieser Psychopath hat den Bengel ganz schön zugerichtet und die Göre sieht nicht besser aus. So ein Vollidiot!", hörte Vince eine bekannte Stimme vor sich hinmurmeln.

„Wo ist meine Schwester?", fragte Vince kaum hörbar.

„Halt dein elendes Maul, das geht dich überhaupt nichts an!", blaffte die Frauenstimme jetzt und Vince erkannte sie.

„Sie wird es schon überleben, was Brunner mit ihr anstellt, schließlich bekommen wir für euch eine ganze Stange Geld!", sagte Frau Keller.

Vince öffnete vorsichtig die Augen und sah seiner vermeintlichen Lehrerin direkt ins Gesicht.

„Was habt ihr mit ihr gemacht? Ich will sie sehen!" In seiner Stimme lag mehr Mut und Kraft, als er sich selbst zugetraut hätte.

„Ha, was du willst, ist mir herzlich egal! Ich muss nur dafür sorgen, dass ihr halbwegs am Leben bleibt!", gab Frau Keller zurück und warf Vince im Gehen eine stinkende Decke zu. Wenige Sekunden später schloss sich die Tür zu seinem Gefängnis wieder und Vince blieb allein zurück. Stumm starrte er vor sich hin.

Ihm wurde bewusst, dass er sich aus dieser Lage nicht allein befreien und auch Lindsay nicht helfen konnte. Es war vorbei. Das letzte bisschen Hoffnung verschwand, denn er hatte die Worte von Frau Keller noch im Ohr: „Sie wird schon überleben, was dieser Vollidiot mit ihr anstellt!"

Vince konnte nicht einmal mehr weinen. Wenn nicht ein Wunder geschehen würde, wären Lindsay und er verloren. Vince verdrängte den Gedanken daran, war dieser Mike mit seiner

Schwester anstellte, er versuchte das Bild in seinem Kopf einfach auszulöschen. Doch er hatte sie bereits einmal gesehen, nachdem Mike sie misshandelt hatte und das ließ sich nicht so einfach verdrängen.

Vince kuschelte sich in die Decke, die vor ihm lag, und schaute sich ein wenig um. In der Ecke standen noch zwei weitere Kerzen, so dass es jetzt ein wenig heller war. Auch ein weiteres Stück Brot und sogar etwas Käse lagen auf dem Teller und eine Thermokanne stand daneben. Gierig stürzte sich Vince darauf, er war am Verhungern.

Das Essen tat gut und Vince fühlte sich etwas besser. Sein Problem war, dass er dringend auf Toilette musste. Doch wenn er jetzt wie ein Verrückter schrie, lief er Gefahr, wieder geschlagen zu werden. Doch er hatte keine andere Möglichkeit.

Durch die zweite Kerze wirkte der Raum schon viel heller und Vince sah sich etwas um. Es gab noch eine weitere Tür, die vermutlich in einen anderen Kellerraum führte. Vielleicht ging sie auf und er konnte durch sie ins Freie oder ins Haus gelangen. Er musste es zumindest versuchen.

Vince schlug gegen die Außentür und rief, so laut er konnte. Immer wieder wartete er ab und spähte durch den kleinen Spalt. Es war taghell draußen, die Sonne schien und es lag kaum noch Schnee.

Zu seiner Verwunderung dauerte es nicht so lange, bis jemand kam. Vince konnte nicht sofort erkennen, wer es war. Aus Angst, dass es Mike sein könnte und er ihn wieder verletzen könnte, ging er ein Stück von der Tür weg.

Als sie sich öffnete, war Vince erstaunt, Nancy Brunner vor sich stehen zu sehen.

„Was willst du?", bellte sie ihn an.

Kleinlaut gab Vince zurück, auf Toilette zu müssen.

Nancy zerrte ihn an seinem Pullover aus dem Keller heraus und schrie ihn an, hinter den Holzstapel zu gehen, um sein Geschäft zu erledigen.

Vince taumelte ein bisschen, bis er wieder Halt fand und seine Augen sich an das Tageslicht gewöhnt hatten. Er drehte sich zu Nancy um, um sich zu bedanken. Als Nancy Vince vor sich sah, stockte ihr der Atem. Gott, wie hatte ihr Mann den Jungen zugerichtet! Wie würde dann erst das Mädchen aussehen, das seit zwei Tagen nicht mehr aus dem Schlafzimmer gekommen war! Sollte sie doch einmal nach ihr schauen?

Die Keller hatte mehrfach auf Mike eingeredet, es nicht zu übertreiben, weil die Kinder schwer verletzt nicht mehr viel wert waren, aber Mike ging mehrmals am Tag in das Schlafzimmer. Was er dort tat, vermochte sich selbst Nancy nicht auszumalen, doch sie ahnte es natürlich. Die leisen

Hilferufe des Mädchens bestätigten ihre Annahme. Sie kannte ihren Mann.

Als Vince hinter den Holzstapel lief, wurde Nancy aus ihren Gedanken gerissen.

„Beeil dich und versuche erst gar nicht, mir zu entwischen! Das würdest du teuer bezahlen!"

Sie konnte Kinder nun mal auf den Tod nicht ausstehen und sie war heilfroh, dass die Sache bald erledigt war. Sie würden die Kinder übergeben, eine Menge Geld kassieren und hier abhauen, um sich ein schönes Leben zu machen. Ein paar Tage noch, dann hätten sie es geschafft.

Vince kam zurück und sofort stieß ihn Nancy wieder die Kellertreppe hinunter.

„Bitte, sagen Sie mir, wie es Lindsay geht. Wo ist sie? Ich muss sie sehen! Lassen sie mich zu ihr!", flehte Vince, als Nancy sich daran machte, die Tür zu schließen.

„Es geht ihr bestimmt gut und jetzt halt die Klappe!", schrie sie Vince an.

„Aber bitte, lassen Sie mich doch zu ihr!"

Ein lauter Aufschrei war zu hören und Vince wusste sofort, dass es seine Schwester war.

„Was tun Sie ihr an! Lassen Sie sie in Ruhe!" Vince schrie jetzt laut. Er versuchte, sich wieder nach draußen zu zwängen, vorbei an dieser Frau. Er musste Lindsay helfen.

Doch er kam nicht an Nancy vorbei. Energisch stieß sie den Jungen zurück und lachte verächtlich.

„Das könnte dir so passen! Du bleibst hier!"

„Nein!", schrie Vince und sein Schluchzen war markerschütternd.

Wieder hörte er Lindsay schreien und ob er es nun wollte oder nicht, er sah ihr schmerzverzerrtes Gesicht vor sich, ihre vor Angst geweiteten Augen und den verständnislosen Blick, warum all das passierte.

Vince konnte nicht aufhören zu weinen, selbst dann nicht, als er längst wieder im Keller auf dem Boden kauerte. Er wiegte sich hin und her, um sich selbst ein wenig zu beruhigen, aber ohne Erfolg. Diese Schweine sollten sie endlich in Ruhe lassen! Warum nur taten sie ihr das an?

Was hatten sie diesen Leuten nur getan? Sie wollten doch nichts weiter, als in einer Familie glücklich sein.

Sie hatten bereits ihre Eltern verloren und jetzt befanden sie sich in einer Situation, die nicht weniger schlimm war. Im Gegenteil, wenn einem der Zwillinge etwas zustoßen würde, wäre das Leben des anderen ebenfalls vorbei.

Vince musste irgendwann eingeschlafen sein. Ein leises Klopfen ließ ihn erschrocken auffahren. Orientierungslos schaute er sich im Raum um. Nur noch eine der Kerzen brannte, aber er konnte durch den Türspalt einen Lichtschein erkennen. Noch einmal hörte er ein zaghaftes Klopfen und dann rief jemand mit unterdrückter Stimme seinen Namen.

„Lindsay!"

Vince robbte auf die Tür zu.

„Lindsay, bist du das?"

„Ja, Vince, ich bin es.", antwortete Lindsay mit zitternder Stimme.

Vince spähte durch den Türspalt, um Lindsay sehen zu können.

Draußen wurde es langsam Tag und er konnte noch nicht viel erkennen.

„Wie geht es dir, was haben sie dir angetan?" Vince' Fragen überschlugen sich.

„Es ist schon gut. Ich bin ja hier. Mach dir keine Sorgen, Vince."

Lindsay würde ihm niemals erzählen, was ihr angetan wurde. Sie wollte ihren Bruder nicht noch mehr beunruhigen. Sie würde es überstehen und irgendwann alles vergessen können. Ganz bestimmt. Lindsay war davon überzeugt, dass dieser Alptraum bald vorbei war. Zumindest dann, wenn sie an diesen anderen Mann, von dem Mike, Nancy und Frau Keller im Haus ab und an redeten, verkauft wären. Es war zwar keine gute Alternative, doch alles, wirklich alles war besser als die Situation jetzt.

Lindsay hatte sich heimlich nach unten geschlichen, als alle schliefen. Mike hatte sich erneut an ihr vergangen und war dann endlich eingeschlafen. Er hatte wieder so sehr nach Alkohol gestunken, dass sich Lindsay hatte übergeben müssen. Aber das hatte den Vorteil, dass Mike eine Weile schlafen würde. Mittlerweise spürte Lindsay bei Mikes Angriffen schon gar keinen Schmerz mehr. Sie betete, dass es schnell vorbei ging und versuchte das Geschehene sofort wieder zu vergessen. Sie sang dann alle Lieder, die sie kannte, still vor sich hin und glitt dabei in ihre eigene Traumwelt ab, in der sie sich wohl fühlte und einfach nur glücklich war.

Heute hatte sie den Mut und die Kraft gehabt, einfach aufzustehen, nachdem Mike eingeschlafen war. Sie hatte nicht geweint und sich in den Schlaf gesungen. Sie war leise hinuntergegangen und hatte aus der Küche eine Packung Kekse mitgenommen. Die Frauen schliefen wahrscheinlich oben und nach den vielen Flaschen auf dem Tisch im Wohnzimmer war davon auszugehen, dass auch die beiden eine Weile schlafen würden.

Lindsay öffnete vorsichtig die Tür, die in den Garten hinter dem Haus führte. Sie wollte unbedingt zu Vince. Sie musste wissen, ob es ihm gut ging und ob er genug zu essen hatte. Mike hatte ihr in seinem betrunkenen Zustand nur gesagt, dass Vince im Keller vor sich hin vegetiere.

Das ungute Gefühl, dass er sich sorgte oder möglicherweise verletzt war, ließ Lindsay den Mut aufbringen, zu ihrem Bruder zu gehen. Sie war sich sicher, dass sie es schmerzlich zu spüren bekam, wenn sie erwischt werden würde. Doch das Risiko war es wert. Gerade heute! Heute musste sie bei Vince sein! Heute war schließlich ihrer beider Geburtstag!

„Herzlichen Glückwunsch, Vi!", flüsterte Lindsay ihrem Bruder zu.

„Heute? Ist heute unser Geburtstag?", fragte Vince nach. Er konnte es nicht wissen, er wusste ja nicht einmal, wie lange er tatsächlich schon in diesem Keller war.

Er sah seine Schwester nicken und leise schluchzen.

„Dir auch alles Liebe zum Geburtstag, Li."

Die Kinder hielten sich durch den Türspalt an der Hand, ohne ein weiteres Wort zu sagen. Keiner der beiden wusste, was er sagen sollte.

Glücklicherweise konnte Lindsay nicht sehen, wie sehr Vince zugerichtet war. Doch Vince konnte Lindsay sehen. Ihr Gesicht war teilweise noch blutunterlaufen und mit blauen Flecken übersät. Er mochte sich kaum vorstellen, wie der Rest ihres kleinen Körpers zugerichtet war.

„Li, was machen sie mit dir?"

Lindsay schüttelte nur mit dem Kopf.

„Pscht… ." Sie wollte nicht darüber reden, sondern einfach nur die kurze Zeit genießen, in der sie bei Vince sein konnte.

„Jetzt geht es mir gut. Aber wir müssen vorsichtig sein. Wenn sie aufwachen und herausfinden, dass ich hier bin, bekommen wir großen Ärger.", sagte Lindsay leise.

„In diesem Keller ist es sehr dunkel, Vince, hast du große Angst?"

„Ja, Li, aber ich komme schon klar. Weißt du, ich habe noch eine Tür entdeckt, die vielleicht ins Haus oder hinausführt. Ich versuche, sie zu öffnen.", sagte Vince optimistisch, doch Lindsay antwortete nicht darauf.

Stattdessen öffnete sie die Packung, die sie aus der Küche mitgenommen hatte, und steckte einen Keks durch den Türspalt.

„Ist das mein Geburtstagsgeschenk?", fragte Vince und wollte dabei lustig klingen. Es gelang ihm nicht.

„Ja.", antwortete Lindsay nur und versuchte, ein Lächeln zustande zu bringen.

Mit einem Mal zuckte Lindsay zusammen. Vince hatte es bemerkt, er konnte sie sehr gut durch den Spalt sehen.

„Was ist? Was hast du?", fragte Vince besorgt.

Verängstigt schaute Lindsay sich um.

„Ich habe ein Geräusch im Haus gehört.", sagte sie leise.

Vince hielt erschrocken die Luft an.

„Aber vielleicht ist Mike nur gestürzt, als er zu Toilette wollte. Das passiert öfter.", meinte Lindsay hoffnungsvoll.

Gerade als sich Lindsay wieder neben die Tür setzte, um Vince so nah wie möglich zu sein, flog die hintere Tür des Hauses auf und Mike torkelte heraus.

Er blitzte Lindsay wütend an. Seine Augen waren blutunterlaufen und der blanke Hass sprach aus ihnen.

Mike kam direkt auf Lindsay zu. Vince sah nur noch ihre weit aufgerissenen Augen.

„Was ist los, Li?", rief Vince jetzt laut.

Doch Mike war bereits da. Er ergriff Lindsay an den Haaren, die sonst so wunderschön über ihre Schultern fielen, und zog so sehr daran, dass Lindsay laut aufschrie.

„Lindsay! Nein!", schrie Vince aus dem Keller heraus. In diesem Moment trat Mike kraftvoll gegen die Tür und Vince, der nach wie vor durch den Spalt starrte, bekam den Schlag mit voller Härte ab. Ihm schwirrte der Kopf, als er zurücktaumelte. Doch die Schreie seiner Schwester brachten ihn sofort zurück an die Tür.

„Lassen Sie sie los, Sie Mistkerl!", rief Vince so laut er konnte.

„Halt dein freches Maul, du Bastard!", lallte Mike zornig.

„Dich nehme ich mir gleich vor!"

Vince konnte durch den Türspalt sehen, dass sich Lindsay den Kopf hielt. Das Blut lief ihr über beide Hände. Mike zerrte Lindsay die Hände vom Gesicht und Vince erstarrte vor Schreck. Lindsays Haare waren an einer Seite fast vollständig herausgerissen, das ganze Gesicht voller Blut.

Wieder schlug Mike zu und Lindsay flog förmlich nach hinten. Sie schlug mit dem Kopf auf der Treppenstufe auf und blieb regungslos liegen.

„Nein"! schrie Vince so laut, dass es bis in den Wald hinein hallte.

Mike war jetzt ganz still. Wieder und wieder trat er gegen den kleinen Körper von Lindsay, doch sie rührte sich nicht.

Er wandte sich der Tür zu und trat erneut dagegen, doch diesmal wich Vince zurück.

„Hast du das gesehen? Das passiert dir auch, wenn du nicht deine verdammte Klappe hältst." Mike kam jetzt mit seinem Gesicht ganz nah an den Türspalt heran. Er war groß genug, dass Mikes gewaltige Nase hindurchpassen würde.

„Hast du mich gehört, du Hund?" Der Alkoholgestank drang Vince in die Nase und ihm wurde übel. Dennoch hatte er den Mut, gegen die Tür zu schlagen und Mike anzuschreien. Vince war wie in Trance. Es war ihm alles egal, wenn er sterben müsste, na und. Er musste zu Lindsay.

„Lassen Sie mich hier raus, Sie Schwein! Was haben Sie mit ihr gemacht?"

Mike torkelte erstaunt einen Schritt zurück.

„Ho, ho, mutig bist du, das muss man dir lassen." Höhnisch lachend drehte er sich um und versuchte, die Treppe wieder hinaufzusteigen.

Lindsay lag ihm im Weg und so trat er so lange auf sie ein, bis er vorbeikam.

Vince drückte die Nase so nah an die Tür, wie er nur konnte.

*„Li! Wach auf! Lindsay, wach wieder auf, bitte!",
rief Vince verzweifelt.*

*„Du kannst doch da nicht liegen bleiben, das ist
zu kalt. Bitte steh auf Li, bitte!"*

*Immer wieder redete Vince auf Lindsay ein. Es
verging eine ganze Weile, doch Lindsay blieb
liegen. Sie lag da, als würde sie schlafen, das
Gesicht nach unten, die Beine angewinkelt. Nur
wenn man ganz genau hinsah, fiel auf, dass ihr
linker Arm unnatürlich vom Körper abstand.
Aber all das sah Vince nicht.*

*Wie in einer Art Delirium wiegte er seinen zit-
ternden Körper und bat Lindsay immer wieder,
doch aufzuwachen. Sie könnte sich doch erkälten.
Sie blieb liegen. Sie blieb einfach liegen.*

*Vince bekam gar nicht mit, wie Frau Brunner und
Frau Keller aus dem Haus gerannt kamen.*

*„Was hat dieser Idiot nur angestellt!", rief Frau
Keller.*

„Das kann doch nicht sein Erst sein!"

*Auch sie trat jetzt gegen Lindsays reglosen Kör-
per, um nachzuschauen, ob sie sich noch beweg-
te.*

Nichts.

*Vince starrte ruhig durch den Türspalt auf seine
Schwester.*

Nancy fasste Lindsay an den Hals, um den Puls zu fühlen.

„Ich kann nichts fühlen.", sagte sie zu Frau Keller.

„So ein Mist! Dieser betrunkene Vollidiot hat sie umgebracht!", rief Frau Keller jetzt.

„Er muss sie hier wegbringen und wir sollten dann schleunigst verschwinden."

Es dauerte nicht lange und Mike kam aus dem Haus.

Er hatte wieder getrunken, denn ihm war klar geworden, dass er übertrieben hatte. Die Kleine war tot und er musste sie wegbringen. Mist! Durch seine Unachtsamkeit ging ihnen jetzt eine Menge Geld durch die Lappen. Die Keller würde ihren Boss anrufen müssen und die Sache erklären. Am besten war, die Göre irgendwo im Wald zu vergraben und dann nichts wie weg hier!

Mike schwankte auf die Kellertreppe zu. Nancy hatte ein paar alte Decken auf Lindsay geworfen, in die Mike sie einwickeln sollte.

Er zerrte sie an ihrem Arm die Treppe hinauf. Dabei schlug ihr Kopf immer wieder auf die Stufen. Wie ein Stück Vieh wickelte er Lindsay in die Decken und warf sie sich über die Schulter.

„Macht den Wagen fertig! Wenn ich zurück bin, verschwinden wir hier!"

Vince hatte mit angesehen, wie Mike Lindsay die Treppe hinaufgezerrt hatte. Er hatte die Erwachsenen auch reden hören. Doch er konnte das alles nicht realisieren. Er saß da, starrte noch immer durch den Spalt und summte leise vor sich hin.

Keiner achtete mehr auf ihn.

34

Dr. Nakata ließ sich zurück in den Stuhl fallen. Die ganze Zeit über, als Vince seine Geschichte erzählt hatte, war Dr. Nakata im Zimmer auf und ab gelaufen. Er hatte Vince sogar zwischendurch um Verzeihung gebeten, selbst so aufgebracht zu sein.

„Mr Walthers, ich weiß nicht, was ich sagen soll. Es ist unglaublich, was Sie mir da erzählen. Und Sie haben bisher noch mit niemandem gesprochen?", fragte der Doktor nach.

„Außer mit meiner Frau mit niemandem, nein.", gab Vince zurück.

Es hatte ihn angestrengt und emotional ausgelaugt, die letzten Tage mit Lindsay zu beschreiben.

„Mr Walthers, ich weiß, dass Sie bereits am Ende Ihrer Kräfte sind, aber ich muss dennoch einige Fragen stellen. Wäre das möglich?"

Vince holte tief Luft und nickte Dr. Nakata zu.

„Sagen Sie mir, wie sind Sie aus diesem Keller herausgekommen und was ist aus den Brunners geworden?"

„Ich weiß nur, dass mich nach einiger Zeit ein Hund der Schweizer Bergwacht aufgespürt hat. Dann wurde ich von ein paar Männern aus diesem Keller geholt. Es war wohl höchste Zeit, denn ich war dehydriert und stark abgemagert. Ich weiß nicht, wie viel Zeit ich noch in diesem Kellerraum verbracht habe, bis ich gefunden wurde."

„Die Bergwacht?", fragte Dr. Nakata nach.

„Mir wurde gesagt, dass es ganz in der Nähe der Hütte einen schweren Unfall gegeben hätte. Ein Jeep mit drei Insassen wäre von der Straße abgekommen und den Abhang hinuntergestürzt. Die Insassen, zwei Frauen und ein Mann, konnten nur noch tot geborgen werden. Als ich später im Krankenhaus erneut befragt wurde, warum ich in diesem Haus gewesen war und ob es sich möglicherweise um Familienangehörige gehandelt haben könnte, antwortete ich nicht. Ich wusste damals nicht darauf zu antworten. Ich habe niemandem etwas erzählt.", schloss Vince.

„Und auch Lindsay haben Sie nicht erwähnt?"

„Nein. Ich habe erst später begriffen, was passiert war. Viel später.", sagte Vince.

„Ich wurde nach langer Zeit im Krankenhaus von Emelie Garmel, meiner Granny, wie ich sie nannte, aufgenommen. Ihr Sohn war einer der Helfer in der Bergwacht und sie nahm mich gerne zu sich. So musste ich nicht wieder in ein Kinderheim. Sie war einfach wundervoll, sie hat mir sehr geholfen." Vince atmete tief durch.

„Und die Behörden? Haben sie nie nachgefragt oder herausgefunden, dass Sie eine Schwester hatten?"

Vince blickte stumm zu Boden.

Nach einer Weile antwortete er: „Ich bin nicht sicher, ob damals Nachforschungen angestellt worden sind. Ich kann es mir nur so erklären, dass die Behörden der Schweiz davon ausgegangen sind, dass ich der Sohn der Verunglückten im Wagen war, der gefunden und zurückgelassen wurde. Da die Brunners wahrscheinlich auch die Schweizer Staatsbürgerschaft hatten, wurde wohl in Deutschland nicht weiter recherchiert. Man ging von einem tragischen Unglück aus, bei dem ich meine Eltern verloren hatte. Ich konnte das damals alles nicht realisieren, geschweige denn aufklären, Dr. Nakata. Es ist bis heute ein Teil meiner Schuld."

Dr. Nakata sah Vince fassungslos an. Er konnte kaum glauben, was er da hörte.

Es war unfassbar, dass der junge Mann vor ihm noch nicht an seinem Leid zerbrochen war. So eine Geschichte hatte es in seiner bisherigen Laufbahn noch nicht gegeben. Wenn er Vince so anschaute, sah er noch immer den kleinen Jungen vor sich, der hilflos zugesehen hatte, wie seine Schwester umgebracht wurde. Aus ihm war ein starker, junger Mann geworden, der mit beiden Beinen im Leben stand. Ein Mann, der sich nicht hatte unterkriegen und einschüchtern lassen und ein Mann, der jetzt erst wirklich lebte.

Und doch konnte man mehr als deutlich erkennen, wie sehr Vince Walthers' Seele verletzt war.

35

Die Sitzung bei Dr. Nakata hatte Vince mehr Kraft gekostet, als er zunächst vermutet hatte. Er saß gedankenverloren in seinem Arbeitszimmer und starrte auf Kirsten Donalds Unterlagen. Er hatte eigentlich vorgehabt, daran weiterzuarbeiten, aber er konnte sich nicht konzentrieren.

Seine Gedanken schweiften immer wieder ab, zurück in die Villa der Brunners, die Hütte in den Bergen und zu Granny. Jetzt, da er begann, sich jemandem zu öffnen, der ihm vielleicht helfen könnte, mit seinen Schuldgefühlen umzugehen, begriff Vince erst, welches Ausmaß an Schmerzen seine Erinnerungen hervorriefen. Und welche Fehler er im Laufe der letzten 30 Jahre möglicherweise gemacht hatte. Nie hatte er versucht, im Erwachsenenalter aufzuklären, was damals passiert war. Nie hatte er den Kontakt nach Deutschland gesucht, nie versucht, die Brunners für ihre Taten verantwortlich zu machen, auch wenn sie bereits tot waren. Es hätte bedeutet, Lindsay suchen zu lassen. Und dann?

Wenn sie gefunden worden wäre, hätte er sie identifizieren müssen, sie beerdigen müssen...Nein! Niemals hätte Vince das geschafft, ohne daran zu zerbrechen.

In seiner kindlichen Erinnerung lag seine geliebte Schwester auf dieser Kellertreppe. So hübsch anzuschauen und zusammengerollt, wie sie es immer tat, wenn sie friedlich schlief. Irgendwann war sie weg. Sie konnte ja auch nicht ewig dort liegen bleiben.

Der stechende Schmerz in Vince' Brust wurde immer stärker. Sein Herz raste und es fühlte sich an, als würde es ihm jederzeit den Dienst versagen. Vince wurde mit einem Mal bewusst, dass die Mauer, die er einst als kleiner Junge um sich herum aufgebaut hatte, einzustürzen begann!

Sein Unterbewusstsein hatte die schlimmsten Erinnerungen an sein Schicksal so weit verdrängt, dass es erträglich war. Dass ein Leben ohne seine Eltern, ohne Lindsay möglich war!

Die Erkenntnis, die Vergangenheit endlich annehmen zu müssen, um Gewissheit darüber zu haben, traf ihn wie ein Schlag! Um damit abschließen zu können, musste er alles verarbeiten. Und wenn das bedeutete, nach vielen Jahren an den Ort zurückzukehren, der ihn in seinen Träumen immer wieder heimsuchte. Ihm wurde klar, dass er durch seine Berufung als Anwalt zwar vielen helfen konnte, die sich teilweise auch in einer ähnlichen Situation wie er damals befanden, so wie Kirsten Donald. Doch es war an der Zeit, endlich auch sich selbst zu helfen und helfen zu lassen. Er musste sich von Lindsay verabschieden und sie gehen lassen!

Debbie fand ihren Mann zusammengesunken, mit dem Kopf auf dem Schreibtisch liegend, vor.

Seine Augen waren geschlossen, doch er schlief nicht. Er weinte, weinte wie ein kleines Kind, das den Schmerz einer Verletzung kaum ertragen konnte. Er vergoss die Tränen des kleinen Jungen, der er gewesen war, die Tränen, die damals versiegt waren.

Debbie nahm ihren Mann tröstend in die Arme. Sie sagte nichts, Worte waren nicht nötig. Sie wusste, womit Vince kämpfte. Er sollte nur wissen, dass er nicht alleine war, dass sie und die Kinder hinter ihm standen und ihn auffangen würden.

Als sich Vince langsam von Debbie löste, strich er ihr zärtlich durch ihre roten Locken, die er so liebte.

„Danke! Danke, dass du mich liebst, mein Engel. Dich hat mir wirklich der Himmel geschickt. Ohne dich würde ich das nicht durchstehen."

Zärtlich küsste Vince seine Frau. Der Kuss sprach von Vertrauen und Liebe und Debbie war so unglaublich berührt, dass auch sie weinen musste.

„Wir sind immer für dich da.", flüsterte Debbie und drückte Vince so fest an sich, wie sie nur konnte.

Dana kam ins Büro gestürmt und fing an zu schreien:

„Daddy, sie gibt mir meinen Hasen nicht zurück! Ellen ist doof!"

Als Dana ihre Eltern so zusammen sah, hielt sie inne.

„Mum, ist alles okay bei euch? Warum weint ihr?", fragte die Kleine vorsichtig nach.

Vince streckte seiner kleinen Tochter die Hand entgegen.

„Es ist alles gut mein Schatz, komm her."

Er drückte Dana kurz an sich.

„Und jetzt lass uns deinen Hasen aus den Fängen deiner gefürchteten Schwester retten!", lachte er und stand auf.

„Schatz?", rief ihm Debbie nach, als er aus dem Büro ging.

„Ist dieser Prospekt wichtig? ", fragte Debbie und zeigte ihn Vince. „Er lag unter dem Tisch."

Er schüttelte den Kopf.

„Was ist das?", fragte Vince nach.

„Es geht hier um eine Organisation, HFC heißt sie und kümmert sich um benachteiligte Kinder. Schirmherr ist ein gewisser Simon Müller. Sagt dir das was?"

„Ach ja, das habe ich von der Mitarbeiterin des Jugendamtes bekommen, das Jason, Kirsten Donalds Bruder, betreut. Ich soll mit Kirsten darüber reden, sie möchten sie gerne mit einbeziehen, unabhängig vom Urteil. Ich kümmere mich dann darum", antwortete Vince.

Dana zog an seiner Hand.

„Komm schon, Daddy, wir müssen meinen Hasen retten!"

Vince lachte und ging mit Dana auf die Suche nach Ellen.

Simon Müller, ging es Vince durch den Kopf. Dieser Name kam ihm bekannt vor. Irgendwo hatte er ihn schon einmal gehört.

Als die Kinder am Abend im Bett waren, kuschelten sich Debbie und Vince zusammen vor den Kamin. Es war wirklich kühl geworden, was aber nicht ungewöhnlich war, schließlich ging es ja auch auf Weihnachten zu.

„Magst du über deinen Termin heute reden?", fragte Debbie.

„Ach weißt du, ich bin nicht sicher.", seufzte Vince.

„Eigentlich bin ich froh, jetzt wieder etwas gefasster zu sein. Ich bin aber zu dem Schluss gekommen, alles endlich aufarbeiten zu müssen, und das wird nicht einfach. Ich werde auch zurückgehen, um Lindsay suchen zu lassen. Ich muss mich von ihr verabschieden. Ich glaube, erst dann werde ich ohne Schmerz und Schuldgefühle an sie denken können. Ich werde mit Dr. Nakata sprechen und mit ihm zusammen einen Weg finden."

Debbie schaute Vince erstaunt an. Vince hatte sich seit den Gesprächen mit Dr. Nakata sehr verändert. Sie war stolz auf ihn. Sie hatte wirklich ein gutes Gefühl. Vince war auf dem besten Weg, seine Seele bekam die Chance zu heilen.

„Aber jetzt erzähl du mir doch bitte von deinem Überraschungstreffen mit Mr Blake heute. Es klang spannend am Telefon!", lenkte Vince vom Thema ab.

Debbie lächelte.

„Du wirst es nicht glauben. Also Mr Blake war heute bei mir im Büro. Und nicht allein. Miranda war auch dabei! Sie hatte sogar auf dem Treffen bestanden. Robert sagte, er erkenne seine Frau kaum wieder, seit sie das letzte Mal bei mir gewesen waren. Miranda sei sehr viel offener als vorher und es müsse wohl an mir liegen."

Vince legte den Kopf schief und lächelte.

„Kann ich gut verstehen. Aber dass du auf Frauen die gleiche Wirkung hast wie auf Männer, erschreckt mich ein bisschen!", neckte er Debbie.

Debbie knuffte Vince in die Seite.

„Nein, Schatz, im Ernst! Es ist so faszinierend mit ihr. Ich habe das Gefühl, über alles mit ihr reden zu können, und sie hat Vertrauen zu mir. Ich habe ihr sogar den Vorschlag gemacht, eine zunächst interne Pressemitteilung in Verbindung mit einer kurzen Lesung zu veranstalten, um ihr Buch zu promoten.", erklärte Debbie.

Mit fragenden Augen sah Vince sie an. Nach allem, was Debbie bisher über diese Frau erzählt hatte, konnte er sich nicht vorstellen, dass sie dem zugestimmt hatte.

„Sie hat ja gesagt, Schatz!" Ein verschmitztes Lächeln huschte Debbie übers Gesicht.

„Was?", fragte Vince erstaunt. „Das kann ich gar nicht glauben! Was hast du mit ihr gemacht?" Auch Vince konnte sich ein Lächeln nicht verkneifen.

„Ich kann es auch nicht glauben, Vince, aber es ist so. Weißt du, ich kann das nicht erklären, aber irgendwie fühle ich mich dieser Frau sehr nahe. Ich habe dir ja schon einmal erzählt, dass sie mir bekannt vorkommt. Als würde ich sie kennen. Ihre Augen faszinieren mich. Groß, warmherzig, liebevoll und doch voller Schmerz." Debbie schmiegte sich ganz nah an Vince.

„Die Lesung ist nächste Woche. Würdest du mich bitte begleiten? Ich möchte sie dir so gerne vorstellen. Du musst ihre Geschichte unbedingt hören und ich möchte wissen, ob du Miranda auch so unglaublich faszinierend findest. Du musst sie einfach kennen lernen."

„Na, dann komme ich gerne mit.", sagte Vince und küsste Debbie zart auf die Stirn.

36

Vince saß zu Hause in seinem Arbeitszimmer, um die Akte Kirsten Donald noch einmal durchzugehen. Er hatte einen Termin zur Urteilsverkündung vom Gericht mitgeteilt bekommen. In drei Tagen war es soweit. So bald hätte er nicht damit gerechnet und er konnte nur hoffen, dass das kein schlechtes Zeichen war. Ausgerechnet am Tag der Urteilsverkündung fand aber auch diese Pressekonferenz und Lesung mit Miranda Blake statt, bei der Debbie Vince unbedingt dabei haben wollte.

Er hatte schon mit ihr gesprochen, eventuell erst später dazukommen zu können. Debbie verstand es natürlich.

Als er die Akte schon schließen wollte, fiel ihm der Flyer dieser Organisation wieder ein, den er von der Mitarbeiterin des Jugendamtes bekommen hatte. Er sollte doch noch mit Kirsten darüber reden, Jason vielleicht durch diese Leute betreuen und unterstützen zu lassen.

Der Prospekt lag unter der Akte. Vince las ihn sich durch und war der Meinung, dass es mit Sicherheit nicht schaden könnte, dem Jungen professionelle Hilfe zukommen zu lassen.

Als er den Flyer bereits wieder weglegen wollte, fiel ihm der Name wieder ins Auge.

Simon Müller.

Woher nur kannte er diesen Namen? Er war nicht typisch amerikanisch, zumindest der Familienname nicht.

Vince konnte es sich nicht erklären. Vielleicht hatte der Name mit einem seiner Fälle zu tun, es würde ihm schon wieder einfallen.

Und das tat es! Vince hatte gerade den Duschhahn aufgedreht, als ihm der Gedanke an Simon Müller durch den Kopf schoss!

Der Junge von damals, der ebenfalls bei den Brunners gelebt haben musste! Lindsay und er hatten seinen Schatz in diesem großen Baum gefunden! Und diese Frau, Emma hieß sie, hatte so komisch darauf reagiert. Sie kannte Simon. Er war verschwunden.

Die Erinnerung traf Vince hart. Konnte es tatsächlich sein, dass es sich um d e n Simon Müller handelte?

Es gab nur eine Möglichkeit, das herauszufinden. Er musste dort anrufen und nachfragen. Am besten sofort!

Vince rannte aus der Dusche zum Telefon und damit ins Arbeitszimmer zurück. Mit zitternden Händen wählte er die Nummer, die auf dem Flyer stand.

Am anderen Ende meldete sich eine freundliche junge Dame, und als Vince nach Mr Müller fragte, antwortete sie, dass er leider nicht persönlich ans Telefon kommen könnte. Sie bot Vince an, einen Termin mit ihm zu vereinbaren.

„Bitte sagen Sie mir, stammt Mr Müller aus den Staaten?", fragte Vince ohne Umschweife.

„Er lebt seit seiner Kindheit in den Staaten, ja, Sir, aber warum möchten Sie das wissen?"

„Es ist sehr wichtig für mich, bitte entschuldigen Sie. Wurde er auch hier geboren?"

„Mr Walthers, ich weiß zwar nicht, warum Sie das so interessiert, aber nein, Mr Müller wurde in Deutschland geboren. Für alle weiteren Fragen über unsere Organisation stehe ich Ihnen gerne zur Verfügung, nicht aber für weitere Auskünfte über Mr Müller."

Vince hatte den strenger gewordenen Ton in der Stimmer der Frau gar nicht wahrgenommen.

Dieser Müller war demnach aus Deutschland. Es bestand also eine geringe Möglichkeit, dass es sich bei diesem Mann tatsächlich um d e n Simon Müller handeln könnte, dessen Schicksal damals ihn und Lindsay so beschäftigt hatte. Und dass er jetzt Schirmherr einer Organisation für Waisenkinder war, die mit schweren Schicksalsschlägen zu kämpfen hatten, könnte auch ein Indiz für Vince' Vermutung sein.

„Sir, sind Sie noch da?", erkundigte sich die Frau am Telefon.

„Oh, entschuldigen Sie. Ich war nur in Gedanken. Bitte, könnten Sie mir vielleicht einen Termin bei Mr Müller geben?"

Vince saß noch geraume Zeit in seinem Arbeitszimmer und starrte auf das Telefon.

Er würde herausfinden, ob es sich um den verschwundenen Jungen von damals handelte. Morgen. Er würde Simon Müller morgen am späten Nachmittag treffen.

Er musste unbedingt mit Debbie sprechen. Und mit Dr. Nakata. Es war nur so ein Gefühl, aber Vince war davon überzeugt, dass es kein Zufall sein konnte. Dieser Name war ihm seit damals nicht mehr untergekommen. Die Dinge schienen irgendwie über Vince hereinzustürzen, seit er sich entschieden hatte, sich von Dr. Nakata behandeln zu lassen. Seit er angefangen hatte, seine Geschichte zu erzählen, ging es ihm nicht nur deutlich besser, das Schicksal hatte sich wohl auch dazu entschieden, Vince bei der Aufarbeitung seiner Vergangenheit zu helfen.

„Na du?", flüsterte ihm eine leise Stimme ins Ohr.

Vince war so in seinen Gedanken versunken, dass er gar nicht mitbekommen hatte, dass Debbie ins Zimmer gekommen war.

„Du sitzt ja hier halb nackt und starrst auf deine Akten. Muss ich mir langsam Sorgen um dich machen?", fragte Debbie spitzbübisch.

Stimmt! Er war ja vorhin eigentlich im Begriff gewesen, unter die Dusche zu gehen, als ihm einfiel, woher er den Namen Simon Müller kannte.

Vince schmiegte sein Gesicht eng in Debbies Halsbeuge.

„Ich wollte eigentlich unter die Dusche. Ich sitze halb nackt hier, in der Hoffnung, dass du mich begleitest?", raunte er seiner Frau zu.

Debbie schloss ihre Lippen um seine, setzte sich langsam auf seinen Schoss und fuhr mit ihren Händen in Vince' dichtes Haar.

„Hm", stöhnte Vince auf. „ Wir können das Duschen allerdings auch verschieben.", murmelte er, während sein Kuss drängender wurde.

„Oder wir verbinden das Angenehme mit dem Nützlichen?", grinste Debbie Vince an, als sie sich langsam von ihm löste.

Ach, wie er diese Frau liebte! Mit ihr reden konnte er auch morgen noch, jetzt gehörten all seine Sinne und Gedanken und vor allem sein Körper dieser sexy Frau, der er nie würde widerstehen können…

37

„Schatz, ich muss dir etwas erzählen", sagt Vince schließlich am Frühstückstisch.

Debbie schaute zu ihm auf.

„Das hört sich jetzt aber nicht besonders positiv an.", meinte sie und stellte ihre Tasse zurück auf den Tisch.

„Ich werde heute etwas später nach Hause kommen. Ich habe noch einen Termin", sagte Vince. So richtig wusste er nicht, wie er beginnen sollte.

„Geht es um deinen Fall?"

„Nicht direkt, aber durch ihn bin ich darauf gekommen.", antwortete Vince.

„Raus mit der Sprache und spanne mich nicht so auf die Folter!", drohte Debbie ihrem Mann, indem sie ihr marmeladenverschmiertes Messer hoch hielt und schief lächelte.

Vince hob abwehrend die Hände.

„Okay, okay, ich mach ja schon!", gab er lächelnd zurück.

„Ich weiß nur nicht recht, wie ich anfangen soll. Also, du erinnerst dich doch an den Prospekt dieser Kinderorganisation, den du in der Hand hattest. Als du mir den Namen des Schirmherren sagtest, kam er mir gleich bekannt vor. Ich konnte es erst nicht einordnen, aber später fiel es mir ein." Debbie nickte nur.

„Ich kenne den Namen, weil er mir früher schon einmal untergekommen ist, in meiner Kindheit. In der Zeit, als ich mit Lindsay bei den Brunners gelebt habe."

Debbie sah Vince erwartungsvoll an.

„Ich habe dir doch erzählt, dass ich damals mit Li in einem riesigen Baum im Garten der Brunners einen kleinen Schatz gefunden habe, erinnerst du dich?"

„Ja.", sagte Debbie. „Dieses Kästchen des kleinen Jungen, der auch einmal dort gelebt haben muss, richtig?"

„Genau, Simon Müller. Ich habe gestern Abend noch bei der Organisation angerufen und mich nach ihm erkundigt. Man sagte mir, dass er in Deutschland geboren wurde, aber seit seiner Kindheit in den Staaten lebt."

„Und du meinst, dass er d e r Simon Müller ist?" Ungläubig wartete Debbie auf eine Antwort.

„Ich weiß es nicht, aber ich werde es heute Abend wissen. Ich treffe mich am Nachmittag mit ihm. Er lebt hier in New York."

Debbie ließ sich auf den Stuhl fallen.

„Vince.", sagte sie nur. Sie hoffte inständig, dass er nicht irgendwelchen Hirngespinsten nachlaufen würde. Nachdem er begonnen hatte, zur Therapie zu gehen, hatte sie eher den Eindruck, dass es ihm besser ginge. Er hatte ihr erzählt, dass er über alles mit Dr. Nakata gesprochen hatte. Er wusste also Bescheid. Sie wusste auch, dass er bereit war, die Vergangenheit aufzuarbeiten, egal, was dazu vonnöten war. Aber war das jetzt nicht ein bisschen übertrieben? Es gab doch mit Sicherheit mehrere Menschen mit diesem Namen.

„Schatz, ich kann verstehen, dass dich das durcheinander bringt, aber bitte versprich mir, dich da nicht in eine fixe Idee zu verrennen, ja?"

„Keine Angst, Engel, das tue ich ganz sicher nicht. Es ist nur so, dass ich gerne Gewissheit hätte. Der Junge war damals verschwunden. Keiner wusste, wo er war oder was mit ihm geschehen war, oder man wollte es nicht wissen. Dieses Treffen gibt mir in gewisser Hinsicht ein wenig Sicherheit, mich auf dem richtigen Weg zu befinden."

Debbie war inzwischen um den Tisch herumgekommen und nahm Vince in die Arme.

„Ich verstehe dich. Möchtest du, dass ich dich begleite?", fragte Debbie.

„Ich hatte gehofft, du würdest fragen. Aber die Kinder…?"

„Ich bitte Kendra, auf sie aufzupassen. Sie macht das wirklich gerne."

„Danke!", flüsterte Vince.

Das Taxi hielt vor einem kleinen Gebäude in einer Seitenstraße der New Yorker Innenstadt. Vince hatte sich mit Debbie am Hauptsitz der HFC verabredet, doch sie war noch nicht da.

Den ganzen Tag hatte sich Vince kaum auf seine Arbeit konzentrieren können. Immer wieder spielte sein Kopf die Szenen von damals durch: Als er den Zettel in seinem Zimmer gefunden hatte, dass er mit Lindsay zusammen versucht hatte, etwas über Simon herauszufinden und den zufälligen Fund seines kleinen Schatzes im

Baumstamm des Gartens. Er hatte die Sachen seiner Mutter aufbewahrt. Sie hatte ihn geliebt und ihn verlassen müssen, aus welchen Gründen auch immer, und so war er wohl zu den Brunners gekommen. Doch am deutlichsten erinnerte sich Vince an die Reaktion Emmas, der Hausdame. Als Lindsay und Vince ihr Simons Sachen zeigten, begann sie zu weinen. Sie schien ihn gut zu kennen und sehr zu vermissen. Doch auf die Nachfrage, wo Simon sei, wusste auch sie keine Antwort. Zumindest hatte Emma es den Kindern nie gesagt.

Jetzt ergab sich für Vince allmählich ein Bild. Es war doch möglich, dass die Brunners auch ihn an eine zwielichtige Bande verkauft hatten, die Menschenhandel betrieb. So, wie sie es auch mit ihm und Lindsay vorgehabt hatten. Und wenn, dann könnte das doch heißen, dass er noch lebte…

„Na, schöner Mann?"

Vince drehte sich erschrocken um.

„Warten Sie auf jemand Bestimmten?"

Erleichtert schloss Vince Debbie in seine Arme.

„Nur auf dich habe ich je gewartet.", antwortete Vince. „ Lass uns hineingehen."

Im Foyer des Gebäudes befand sich ein großer Empfangstresen. Nachdem sich Vince vorgestellt hatte, wurde er gebeten, mit Debbie kurz Platz zu nehmen. Die Wände um die Sitzgruppe herum waren geschmückt mit Kinderbildern und Fotos, die zeigten, wie mit den Kindern gearbeitet worden waren. Debbie nahm Vince' Hand und wortlos schauten sich die beiden die Bilder und Fotos an. Ein Bild hatte es den beiden besonders angetan. Es war ein Schmetterling darauf zu sehen, der im Begriff war, sich auf eine Blüte zu setzen. Daneben saß ein kleines Mädchen, das sich erstaunt die Hand vor den Mund hielt. Es war das wunderschöne Bild eines Kindes, welches die Faszination der Natur widerspiegelte. Unter dem Bild stand: Danke, dass ich wieder leben darf. Stella

Vince schaute Debbie an und konnte sehen, dass es auch ihr nahe ging.

„Mr Walthers?", erklang eine tiefe männliche Stimme.

Als Vince aufschaute, sah er sich einem Mann Anfang 50 gegenüber. Er hatte ein überaus freundliches Gesicht, war hoch gewachsen und von kräftiger Statur.

„Mein Name ist Simon Müller, Sie wollten mich sprechen?"

Beherzt gab Vince ihm die Hand.

„Ja, das würde ich gerne. Das ist meine Frau Debbie."

Mr Müller begrüßte die beiden und bat sie, ihm in sein Büro zu folgen.

„Was kann ich für Sie tun?", fragte Mr Müller.

Vince suchte den Blick seiner Frau, die ihm ermutigend zunickte.

„Es ist so, ich habe Ihren Kontakt von einer Mitarbeiterin des Jugendamtes erhalten. Es geht dabei um den Bruder meiner Klientin, die ich zurzeit vor Gericht vertrete."

„Sie sind also Anwalt?", fragte Mr Müller nach.

„Ja, aber ich bin aus einem anderen Grund hier. Es ist Ihr Name, der mir aus meiner Kindheit in Erinnerung geblieben ist, und ich wüsste gerne, ob Sie vielleicht dieser Mann sind."

„Wir kennen uns, meinen Sie?", fragte Mr Müller skeptisch?

„Nein, Mr Müller, das nicht, aber vielleicht haben wir eine Gemeinsamkeit, die unsere Kindheit betrifft. Sie wurden in Deutschland geboren, Mr Müller?"

„Ja. Aber ich lebe seit über 30 Jahren hier in den Vereinigten Staaten."

„Darf ich fragen, ob Ihnen der Name Brunner etwas sagt?", redete Vince weiter.

„Nein, der Name sagt mir nichts.", antwortete Mr Müller.

Langsam machten sich bei Vince erhebliche Zweifel bemerkbar, dass Mr Müller der Junge von damals war. Wenn er die Brunners nicht kannte, konnte er gar nicht Simon sein.

„Darf ich Ihnen dennoch ein Stück meiner Geschichte erzählen?"

„Gerne, ich bin gespannt.", antwortete Mr Müller und lehnte sich gemütlich zurück.

Vince begann davon zu erzählen, dass er und Lindsay von den Brunners in Pflege genommen worden waren. Er beschrieb das herrschaftliche Haus und den wunderschönen Garten und das seltsam, abweisende Verhalten der Brunners.

Als er von Emma erzählte, setzte sich Mr Müller auf. Vince war das nicht entgangen. Doch da Mr Müller nichts sagte, fuhr er mit seiner Erzählung fort.

„Ich habe in meinem Zimmer ein älteres Stück Papier gefunden, auf dem nur noch einige Buchstaben erkennbar waren. Meine Schwester und ich konnten zunächst nichts damit anfangen, aber als wir eines Tages im Astloch der großen Eiche im Garten ein Kästchen fanden, setzte sich das Puzzle zusammen. Ein Name war auf die Innenseite des Deckels geschrieben, Simon Müller, wie auf dem alten Zettel."

Mr Müller war inzwischen aufgestanden und lief im Raum auf und ab.

„Ist alles in Ordnung, Mr Müller?", fragte Debbie besorgt.

„Fahren Sie bitte fort.", bat er Vince, ohne auf Debbies Frage zu antworten.

„In dem Kästchen befand sich ein Brief. Er war von Simons Mutter…"

„Und ihr Ring.", beendete Mr Müller den Satz.

Erschrocken schaute Vince Mr Müller an, der stehen geblieben war und aus dem Fenster starrte.

Keiner sagte mehr ein Wort. Debbie drückte Vince' Hand so fest, dass sie bereits ganz weiß war.

Langsam drehte Mr Müller sich um.

„Mein Schatz in der kleinen Truhe, die Sachen meiner Mutter. Sie waren mir das Wichtigste und das Einzige, was mir von ihr geblieben war. Sie war sehr krank und konnte nicht mehr für mich sorgen, so kam ich ins Heim. Als sie gestorben war, bekam ich ihren Ring. Wenig später wurde ich von Katrin und Gunnar Völker in Pflege genommen." Simon sprach ganz leise.

„Das Haus und den Garten, den Sie beschreiben, kenne ich sehr gut. Auch Emma habe ich gekannt. Sie war eine liebevolle und fürsorgliche Frau, die sich um mich gekümmert hat. Ich hatte sie sehr gern."

Mr Müller lächelte bei dem Gedanke an Emma.

„Sie hat mir immer mein Lieblingsessen gemacht. Reibekuchen mit Pflaumenmus. Wie ich das liebte! Dabei konnte ich fast vergessen, wie sehr ich unter dem Verlust meiner Mutter litt."

„Aber, Mr Müller, ich verstehe nicht ganz. Sie sagten, Ihre Pflegeeltern hießen Völker?", fragte Vince nach.

„Ja, ich gehe davon aus, dass sie ihren Namen änderten, als die Sache mit mir über die Bühne gegangen war", sagte Simon.

„Die Sache mit Ihnen?" Vince verstand nicht ganz. „ Sie waren eines Tages verschwunden. Wo waren Sie? Wurden Sie tatsächlich zu der Schwester Ihrer Pflegemutter gebracht?"

„Nein. Mir wurde erzählt, wir würden in den Urlaub fahren. Leider wusste ich nicht, wohin. Es sollte eine Überraschung sein.

Ich wurde nach einer ziemlich langen Autofahrt aus dem Wagen gezerrt. Gunnar war plötzlich sehr grob, schubste mich herum und schlug mich schließlich, als ich mich zu wehren versuchte. Wir waren auf irgendeinem Waldweg, und als ich fragte, wo wir denn seien, sagte Gunnar nur: Überraschung!

Wenige Minuten später hielt ein schwarzer Transporter neben uns. Eine Frau stieg aus und begutachtete mich von oben bis unten. Anschließend redete sie mit den Völkers und übergab ihnen einen Umschlag. Ich wurde in den schwarzen Transporter gestoßen. Als ich schrie, wurde mir ein Tuch vor den Mund gehalten und ich verlor das Bewusstsein. Ich fand mich später mit vielen anderen Kindern in einer heruntergekommenen Baracke wieder.", endete Simon.

„Oh mein Gott!", stieß Debbie hervor.

„Sie sind verkauft worden!", brachte es Vince auf den Punkt.

„Ja, an einen so genannten Kinderring. Aber wie Sie sehen, habe ich es geschafft, nach einer langen und schmerzlichen Odyssee zu entkommen. Heute versuche ich Kindern mit ähnlichen Schicksalen zu helfen."

Simon blickte wieder gedankenverloren aus dem Fenster.

„Es ist so erstaunlich und erschreckend zugleich, dass Sie heute vor mir sitzen und mich in meine Vergangenheit zurückholen. Trotzdem bin ich Ihnen sehr dankbar, Mr Walthers. Es war schmerzlich, hat aber dennoch gut getan, noch einmal daran erinnert zu werden. Ich finde es unglaublich, dass Sie sich entschieden haben, mich aufzusuchen. Darf ich Sie fragen, wie es Ihnen ergangen ist? Geht es auch Ihrer Schwester gut?"

Vince senkte den Kopf.

„Sie ist tot."

Er wurde von seinem Schmerz überwältigt und Debbie nahm ihn in den Arm. Simon ging auf die beiden zu.

„Es tut mir so Leid. Wenn Sie möchten, erzählen Sie mir alles."

Als Vince und Debbie spät am Abend nach Hause kamen, schliefen die Mädchen bereits.

Er und Debbie hatten noch lange bei Simon gesessen, der sich Zeit für sie genommen und alle anderen Termine abgesagt hatte. Simon war wirklich ein wunderbarer Mann. Einfühlsam und voller Wärme, trotz seines eigenen Schicksals, das ihn nicht gebrochen hatte. Es hatte ihn zu dem Mann gemacht, der er heute war und der so vielen Familien und Kindern neue Hoffnung gab.

Es hatte Vince gut getan, mit Simon zu sprechen, und langsam begann er sich wieder zu entspannen. Einen Teil seiner Vergangenheit hatte er begonnen aufzuarbeiten und das tat unwahrscheinlich gut.

Noch einen Tag bis zum Urteil. Vince war nervöser als Kirsten, der man kaum anmerkte, dass morgen über ihr weiteres Leben entschieden wurde. Doch als Vince ihr von Simons Organisation erzählte und auch davon, dass den Leuten beim

Jugendamt ihre Meinung dazu wichtig war, blühte sie förmlich auf. Nichts war ihr wichtiger, als dass es ihrem kleinen Bruder gut ging, egal, was dafür nötig war. Sie hatte für ihn getötet, zumindest sah es zu Beginn ihrer Verhaftung so aus. Doch selbst wenn ihr Stiefvater nicht an den Verletzungen gestorben war, die sie ihm zugefügt hatte, würde sie jederzeit wieder so handeln, um Jason zu retten. Er hatte es verdient, ein glückliches Leben zu führen, so wie sie eigentlich auch. Aber darüber entschieden die Geschworenen.

Sie war begeistert von Simons Organisation, und nachdem Vince ihr kurz erzählt hatte, dass Simon selbst als Kind Opfer von Gewalt und Misshandlungen gewesen war, war sie überzeugt, dass Jason dort gut aufgehoben sein würde.

„Ich weiß gar nicht, wie ich Ihnen danken kann, Mr Walthers!", sagte Kirsten leise und Tränen füllten ihre Augen.

„Das müssen Sie nicht, es ist meine Aufgabe, Ihnen zu helfen und für Gerechtigkeit zu sorgen.", antwortete Vince. Und es hilft mir, meine Unfähigkeit, als Kind Lindsays Tod nicht verhindert zu haben, zu überwinden und zu verstehen, schob er in Gedanken nach.

Debbie traf sich heute noch einmal mit Miranda Blake, um die Lesung am morgigen Tag vorzubereiten. Sie merkte Miranda an, wie nervös sie war.

„Miranda, wenn Sie es sich doch anders überlegt haben, können wir den Termin absagen. Sie müssen diese Lesung nicht halten, wenn es Sie zu sehr belastet. Ich verstehe das. Und auch die Redaktion wird es verstehen. Wir finden bestimmt auch einen anderen Weg, um Ihre Geschichte zu erzählen."

Robert hatte seine Hand auf Mirandas Bein gelegt.

„Das wäre der einfache Weg, ja.", antwortete Miranda.

„Aber den einfachen Weg bin ich in den letzten Jahren immer gegangen und dank Robert ist es mir noch leichter gefallen, mich zurückzuziehen aus dem realen Leben da draußen. Ich sollte anfangen, mich dem Leben zu stellen, wie es ist. Da ich bereits den Schritt gegangen bin, meine Geschichte aufzuschreiben, sollte ich jetzt auch den Mut besitzen, sie den Leuten zu erzählen." Mirandas Worte beeindruckten Debbie tief. Robert küsste sie zärtlich und Mirandas Augen leuchteten auf. Sie hatte, wie immer, ein Tuch um den Kopf gebunden und Debbie fand allmählich Gefallen daran. Es machte Miranda noch geheimnisvoller, als sie es so schon war.

Nach der Besprechung waren sich die drei einig, wie der nächste Tag verlaufen sollte. Es waren einige interne Presseleute geladen und einige Agenten von Partnerverlagen. Es würden nicht mehr als 20 Personen anwesend sein, dennoch war das für Miranda eine ungewohnte und beängstigende Situation. Doch sie würde es schaffen, dessen war sich Debbie sicher.

„Miranda, Robert, ich möchte Sie noch um etwas bitten.", sagte Debbie.

„Ich möchte Ihnen gerne meinen Mann vorstellen und habe ihn daher gebeten, bei unserem Termin morgen dabei zu sein. Ich möchte so gerne, dass er Sie beide kennen lernt. Sie beide sind mir sehr ans Herz gewachsen, vielleicht können Sie verstehen, dass ich ihn gerne daran teilhaben lassen möchte?"

Erwartungsvoll schaute Debbie die beiden an.

Ein Lächeln breitete sich auf Roberts Lippen aus.

„Ich würde mich sehr freuen, Ihren Mann kennen zu lernen. Liebes, was meinst du?", fragte er Miranda.

Ihre Augen bekamen wieder dieses Leuchten. Ihr linkes Auge war zwar immer ein Stück durch das Tuch bedeckt, dennoch konnte man erkennen, wie strahlend sie waren.

„Gerne.", antwortete sie knapp.

„Lieben Dank! Dann bis morgen!", antwortete Debbie.

Als die beiden gegangen waren, musste Debbie erneut über Miranda nachdenken. Sie war wirklich eine außergewöhnliche Frau und sie konnte sich nicht erklären, was ihre Erscheinung und ihre Art so faszinierend machte. Es war, als würde Debbie Miranda schon ewig kennen, sie verstanden sich gut, ja, sie empfanden eine gewisse Sympathie füreinander, das auch, aber da war noch etwas.

Sie würde es bald herausfinden, aber würde sie es auch begreifen können?

Die Verhandlung ließ sich schleppend an. Vince hatte Mühe, seine Wut im Zaum zu halten. Die Geschworenen waren sich nicht einig. Einer von ihnen hatte sich kurzerhand umentschieden und so wurde noch einmal eine Stunde Bedenkzeit verhängt. Eine Zerreißprobe für alle Beteiligten. Kirsten saß gelassen neben Vince. Jason in der Bank hinter ihr. Sie hatte ihm die Hand gegeben und er hielt sie fest. Noch immer, seit Beginn der Urteilsverkündung vor einer Stunde. Ermutigend strich er Kirstens Hand, unermüdlich, voller Liebe und grenzenlosem Vertrauen. Egal, wie das Urteil ausfallen würde, solange sich Kirsten und Jason sehen konnten, war für sie alles gut. Sie brauchten einander, sie war seine Familie und er die ihre.

Als die Tür aufging und die Geschworenen eintraten, herrschte angespannte Stille im Gerichtssaal. Jason blickte jetzt ängstlich auf die fünf Frauen und vier Männer, die über sein Schicksal und das seiner Schwester entscheiden würden.

Jason war körperlich wieder gesund, nur seine Psyche hatte großen Schaden genommen. Selbst er sowie auch seine Betreuer wussten, sein Seelenheil hing davon ab, ob er weiter mit Kirsten zusammen sein konnte.

„Sind Sie zu einem Urteil gekommen?", ertönte die Stimme des Richters.

Eine Frau aus dem Kreis der Geschworenen stand auf und übergab dem Richter die alles entscheidende Akte. Der Richter nickte und ließ das Urteil durch die Geschworene verlesen.

„Wir erklären Kirsten Donald für den Mord an ihrem Stiefvater Thomas Price für nicht schuldig!"

Jubel brach im Gerichtssaal aus und die weiteren Worte über das neu zu verhandelnde Strafmaß wegen fahrlässiger Tötung und unterlassener Hilfeleistung gingen vollkommen im Freudentaumel aller im Gericht Anwesenden unter.

Jason saß auf Kirstens Schoß und beide weinten. Sie weinten vor Freude, sich wiederzuhaben und vor Schmerz, ein solches Martyrium durchgemacht zu haben. Was auch immer jetzt noch kommen mochte, sie würden es gemeinsam schaffen.

Von all dem Trubel im Saal bekam Vince kaum etwas mit. Er war nach der Urteilsverkündung in seinen Stuhl zurückgesunken. Es war geschafft. Wenn er ehrlich war, hatte er zu Beginn des Tages Zweifel gehabt, ob alles gut gehen würde. Doch die Geschworenen hatten ein Exempel statuiert, sie hatten für Gerechtigkeit gesorgt und Vince war stolz, mehr als stolz darauf, daran beteiligt gewesen zu sein, er hatte sich auf seine Intuition und sein Urteilsvermögen verlassen und am Ende hatte es sich ausgezahlt. Für Kirsten. Für Jason und für ihn. Durch diesen Fall wurde auch er ein Stück geheilt, denn er hatte das Gefühl, dass durch dieses Urteil die Schuldgefühle, die ihn seit jeher belasteten, ein wenig erträglicher wurden.

Fast hätte Vince die Zeit vollkommen vergessen. Nachdem wieder Ruhe im Gerichtssaal eingekehrt war und die Formalitäten geklärt waren, kam Kirsten auf ihn zu.

„Ich weiß nicht, wie ich Ihnen je danken kann, Mr Walthers."

Jason schob sich zwischen die beiden und umschloss Vince' Hand.

„Danke, Mr Walthers.", sagte er und plötzlich umarmte ihn Jason und hielt ihn so kräftig fest, dass Vince seine Erleichterung und sein Glück förmlich spüren konnte.

„Ich muss auch Ihnen beiden danken", antwortete Vince. „ Sie würden gar nicht verstehen, was der heutige Tag für mich bedeutet."

Kirsten wurde vorerst auf freien Fuß gesetzt, wurde aber bis zur nächsten Verhandlung unter Beobachtung gestellt. Jason blieb vorerst in Betreuung des Jugendamtes und wurde in Simon Müllers Programm aufgenommen.

Der Blick auf die Uhr verriet Vince, dass er sich ein wenig beeilen musste, wenn er noch rechtzeitig zum Pressetermin von Miranda Blake da sein wollte. Schließlich hatte er es Debbie versprochen.

Doch wie üblich hatte er Mühe, überhaupt ein Taxi zu bekommen. Hätte er zu diesem Zeitpunkt bereits gewusst, was ihn erwartete, wäre er wahrscheinlich den gesamten Weg zu Debbie gerannt, ohne wertvolle Minuten mit dem Warten auf ein Taxi zu verschwenden.

Geschlagene 45 Minuten später war Vince endlich im Hauptgebäude der New York Times angekommen. Er hatte es aufgegeben, sich über den endlosen Verkehr in der Stadt aufzuregen, er war sowieso zu spät dran. Die Pressekonferenz lief bereits. Aber Debbie wusste ja, dass er sich verspäten könnte. Eigentlich würde er seine Frau nach diesem wunderbaren Tag im Gericht einfach in den Arm nehmen und seine Freude über das Urteil für Kirsten mit ihr teilen wollen. Aber das musste wohl noch etwas warten.

Nachdem Vince sich erkundigt hatte, wo die Veranstaltung stattfand, rannte er zum Fahrstuhl und fuhr in den zehnten Stock. Er sah vom Flur aus in den verglasten Konferenzraum und suchte den Raum nach Debbie ab. Vince fand sie in der ersten Reihe. Sie schaute gespannt auf die Frau, die hinter dem Pult stand.

Leise öffnete er die Tür und ging hinein. Er setzte sich hinten auf einen freien Platz. Sein Zuspätkommen hatte kein Aufsehen erregt, nur Debbie drehte sich kurz um und zwinkerte ihm zu. Sie spürte ihn wohl instinktiv. Vince lächelte zurück und hob den Daumen, um Debbie zu signalisieren, dass es bei ihm gut gelaufen war. Ihre Augen wurden immer größer und die Freude und der Stolz auf Vince waren ihr anzusehen.

Endlich begann Vince, sich zu entspannen. Die letzten Wochen und Monaten fielen langsam von ihm ab. Er kam wieder zu sich selbst, er spürte regelrecht, wie sich die Anspannung löste und er zur Ruhe kam.

Vince lauschte der Stimme von Miranda. Sie klang weich und harmonisch, wobei sie bei dem, was sie gerade erzählte, eigentlich energischer hätte sein müssen. Der Klang ihrer Stimme kam Vince seltsam bekannt vor.

Miranda redete davon, wie sie in dem Dorf, in dem sie aufgenommen wurde, gescholten und verhöhnt wurde. Erst mit Robert an ihrer Seite fühlte sie sich sicherer.

Debbie hatte Recht, Miranda war eine kleine, schlanke Frau, wunderschön auf ihre Art und dieses Tuch um den Kopf machte sie tatsächlich noch geheimnisvoller.

Sie musste viel durchgemacht haben und Vince begann zu verstehen, dass dieses Buch über ihre Geschichte eben ihre Art war, ihre Vergangenheit aufzuarbeiten.

Sie litt seit ihrer Kindheit unter Amnesie, Miranda konnte sich bis heute an ihre ersten Lebensjahre nicht erinnern. Grausam. Obwohl sich Vince manchmal gewünscht hätte, seine Vergangenheit einfach vergessen zu können.

Es wurde eine kurze Pause angekündigt. Die Konferenz würde in 15 Minuten weitergehen.

Genug Zeit also, endlich kurz mit Debbie zu reden.

„Vince!", rief Debbie und fiel ihm schon im nächsten Moment um den Hals.

Wie ist es gelaufen? Sag schon!", bettelte sie.

„ Sie wurde freigesprochen. Kirsten wurde des Mordes für nicht schuldig befunden!", antwortete Vince.

„Ich bin so stolz auf dich!", flüsterte Debbie.

„Das ist also Ihr Mann, Debbie?", erklang eine männliche Stimme hinter den beiden.

Debbie drehte sich zu Robert um und stellte die beiden Männer vor.

„Wo ist Miranda?", fragte Debbie nach, entdeckte sie aber gleichzeitig im Gespräch mit einem Kollegen.

Robert bat Miranda, zu ihnen zu kommen.

„Miranda, das ist Vince, Debbies Ehemann."

Zaghaft streckte Miranda Vince die Hand entgegen. Vince sah ihr in die Augen und nahm ihre Hand entgegen.

„Es freut mich sehr, Sie endlich kennen zu lernen, meine Frau hat mir schon so viel von Ihnen erzählt." Doch Vince ließ ihre Hand nicht los. Etwas Unbeschreibliches geschah in diesem Moment. Sein Körper wurde mit einer so intensiven

Wärme durchflutet, dass ihm augenblicklich heiß wurde. Gleichzeitig wurde ihm plötzlich kalt und er konnte den Blick nicht von Miranda lassen. Erst als Debbie ihn ansprach, ob alles in Ordnung sei, ließ er Mirandas Hand los, die darauf mit Erleichterung reagierte. Nervös zog sie ihr Tuch über ihre linke Kopfhälfte zurecht und wandte sich zu ihrem Mann um.

Debbie nahm Vince ein Stück zur Seite.

„Vince, was ist los mit dir? Geht es dir nicht gut?", fragte sie besorgt nach.

Nein, es ging ihm nicht gut. Irgendetwas stimmte nicht.

„Ich weiß es nicht. Vielleicht sollte ich mich lieber wieder setzten. Es war wohl alles ein bisschen viel heute."

Debbie bekam Angst. So kannte sie Vince nur, wenn er von Alpträumen geplagt wurde.

„Wenn du möchtest, gehen wir, Schatz. Du brauchst sicher etwas Ruhe."

Doch Vince winkte ab.

„Lass nur, es geht schon wieder." Er setzte sich zurück auf seinen Platz und Debbie schaute ihm besorgt nach.

Miranda fuhr mit ihrer Lesung fort, doch auch sie hatte an ihrer Unbeschwertheit, mit der sie den ersten Teil der Konferenz bestritten hatte, eingebüßt. Robert sah sie besorgt an und sein Blick ging auch immer wieder zu Debbie und Vince.

Miranda vermied es, Blickkontakt mit dem Publikum aufzunehmen, was ihr zuerst gut gelungen war. Sie vermied es vor allem, zu Vince zu schauen.

Was war da vor ein paar Minuten passiert? Miranda wirkte jetzt unsicher und das entging niemandem. Auch Vince nicht, der sie seinerseits nicht aus den Augen ließ. Diese Frau hatte ihn komplett durcheinander gebracht und er kannte den Grund dafür nicht. Er hatte ihr in die Augen geschaut und in ihnen etwas derart Vertrautes erkannt, dass es ihm Angst machte. Ihre Stimme, ihre Hand in seiner… . Er kannte sie doch gar nicht, wie konnte so etwas sein?

Miranda gestattete einem Journalisten, zu Wort zu kommen.

„Mrs Blake, ich möchte nicht unhöflich klingen, aber darf ich fragen, warum Sie dieses Tuch tragen? Hat es damit zu tun, was Sie uns vorhin über die anderen Kinder damals in Ihrem Dorf erzählten, in dem Sie aufgenommen wurden?"

Plötzlich wurde es still im Raum. Dieser Mann hatte das Offensichtliche angesprochen und jeder erwartete Mirandas Reaktion. Panisch schaute Debbie zu Robert. Er war im Begriff aufzustehen, um die Lesung zu beenden. Doch Miranda bedeutete ihm mit einem Kopfschütteln, dass er sitzen bleiben sollte.

Sie atmete tief durch.

„Als ich damals von meinem Mann gefunden und ins Dorf gebracht wurde, war mein Gesundheitszustand sehr kritisch. Ich hatte nicht nur innerliche Verletzungen, wie später im Krankenhaus festgestellt wurde, sondern auch äußerliche. Mir wurde gesagt, dass ich offensichtlich mehrmals vergewaltigt worden sei." Ihre Stimme brach und sie hielt inne. Sie hatte gewusst, dass es schwer werden würde, sich der Vergangenheit öffentlich zu stellen, aber sie hatte es so gewollt. Sie wusste, dass es ihr helfen würde. Sie wollte damit ein Zeichen setzen, um möglicherweise anderen Frauen zu helfen, die vielleicht in einer ähnlichen Lage waren.

Erneut atmete sie tief durch.

„Die inneren Verletzungen heilten irgendwann, aber einige äußere Verletzungen leider nicht."

Langsam begann Miranda ihr Tusch aufzuknoten und ließ es schließlich über die Schultern fallen. Ein leiser Aufschrei des Entsetzens hallte durch den Konferenzraum.

Mirandas Gesicht war linksseitig vollkommen entstellt. Eine riesige Narbe verlief vom linken Auge über das Ohr bis zur Mitte des Kopfes. Die Haare fehlten an dieser Stelle völlig und es sah aus, als wäre sie skalpiert worden. Als trüge Miranda eine Art Halloween- Maske. Die eine Hälfte ihres Gesichtes war das einer wunderschönen Frau, die andere, die einer entstellten Frau.

Gefasst begann Miranda, das Tuch wieder um ihren Kopf zu legen.

Debbie drehte sich nach Vince um und erschrak, als sie ihn sah. Er war kreidebleich geworden, kein Tropfen Blut schien mehr in seinem Körper zu sein. Sie konnte es verstehen, sie selbst stand unter Schock. Was um Himmels Willen ist dieser Frau angetan worden?!

Einer ihrer Kollegen nahm ihr die Frage ab.

„Mrs Blake, es tut mir so Leid! Bei Gott! Wer hat Ihnen das nur angetan?"

Miranda schaute zu ihm auf. Sie war beherrscht, hatte mit dieser Reaktion gerechnet. Es ging ihr ja selbst noch täglich so, wenn sie in den Spiegel schaute.

„Ich kann es Ihnen nicht sagen. Ich habe an die Zeit, bevor ich gefunden wurde, keinerlei Erinnerung, wie ich bereits erwähnte. Ich weiß es einfach nicht.", antwortete Miranda ruhig.

„Aber ich weiß es!"

Vince war aufgestanden und hatte Mühe, den Halt nicht zu verlieren. Die Erkenntnis hatte ihn wie ein harter Schlag getroffen. Sein Körper drohte, ihm den Dienst zu versagen. Er hielt sich am Stuhl vor ihm fest, schaute zu Debbie, die ihn mit offenem Mund anstarrte und zu Robert, der ebenfalls aufgestanden war.

Vince schaute Miranda an, deren Blick panisch zwischen Robert und ihm hin und her ging.

„Ich weiß, was vorher geschehen ist. Ich kenne den Teil deines Lebens, den du vergessen hast, Lindsay."

Epilog

Als Lindsay die Augen öffnete, fand sie sich auf einer Liege in einem anderen Zimmer wieder.

„Robert?", kam es ihr leise über die Lippen.

Schon spürte sie seine so vertraute Hand auf ihrer.

„Ich bin bei dir. Es ist alles gut. Du bist ohnmächtig geworden, Schatz."

Stückweise kam die Erinnerung an die letzte Stunde zurück. Dieser Mann, der ihr während der Konferenz vorgestellt worden war, hatte sie aus der Fassung gebracht. Er hielt lange ihre Hand und sie hatte das Gefühl gehabt, als wäre dieser Mann Teil ihres Lebens. Doch sie kannte ihn nicht, sie hatte ihn nie vorher gesehen.

Sie hatte sich den Leuten gezeigt, ihr Tuch abgenommen, war den schweren Schritt gegangen, sich nicht mehr zu verstecken und dieser Mann stand auf. Er stand da und erklärte, mehr über ihr Leben zu wissen als sie selbst. Wie war das alles nur möglich?

„Wo ist er?", fragte Lindsay zögerlich.

Vince saß mit Debbie im Empfangsraum der Etage. Sie hielten sich fest umschlungen, seit Lindsay von Robert in das Zimmer getragen wurde. Er hatte sie glücklicherweise rechtzeitig aufgefangen, als sie ohnmächtig wurde.

Vince zitterte noch immer am ganzen Leib und auch Debbie kam nicht zur Ruhe. Sie wusste nicht, was sie sagen sollte. Sie konnte das alles genauso wenig begreifen wie Vince selbst.

Er hatte mit ansehen müssen, wie Lindsay diese Verletzungen zugefügt wurden, mit deren Narben sie heute leben musste. Ja, leben musste. Sie war am Leben! Sie war hier! Bei ihm! Wie sollte sein Verstand das je verarbeiten? Vince war auf dem Weg gewesen, Lindsay endlich gehen zu lassen, sich nach all den Jahren von ihr zu verabschieden und nun war sie hier, sie lebte!

Robert kam auf Debbie und Vince zu.

„Sie möchte Sie sehen, Vince."

Eilig stand Vince auf und lief zu Lindsay.

Debbie und Robert blieben zurück und ließen die beiden allein.

Lindsay beobachtete Vince, als er hereinkam und sich der Liege näherte. Er setzte sich zu ihr und nahm sanft ihre Hände wie zum Gebet. Er sagte nichts, schaute sie nur an.

Lindsay musterte eindringlich sein Gesicht, sog die Gefühle der plötzlichen Vertrautheit und Liebe in sich auf, wie eine Ertrinkende. Es fühlte sich so unbeschwert und leicht an, es fühlte sich unglaublich vertraut und richtig an.

„ Vince?", flüsterte sie fast unhörbar.

Eine Woge des Glücks erfasste Vince und er brach in Tränen aus.

„Ja, Li, ich bin es. Du erinnerst dich!"

Er nahm Lindsay in seine Arme.

„Ich bin bei dir und beschütze dich, ich werde dich nie mehr im Stich lassen. Nie wieder!"

Beiden weinten, aber diesmal waren es Tränen der Freude und des Glücks. Sie hatten einander wieder! Es war einfach unglaublich. Nach allem, was die Zwillinge in ihrem Leben durchgemacht hatten, hatte das Schicksal sie wieder zusammengeführt.

Jetzt, endlich, fanden die so schwer verletzten Seelen der beiden Trost und hatten die Chance, gemeinsam heilen.

Danksagung

Ich danke Ihnen, liebe Leser, dass Sie sich die Zeit genommen haben, in meine neue Geschichte einzutauchen. Ich hoffe, Ihnen damit ein paar angenehme Stunden bereitet zu haben.

Dieser Roman ist meiner wunderbaren Familie gewidmet, meinem Patenkind Linda Eva (dem kleinen Rabauken ;-) und unserem Sternekind! Du wirst immer in unseren Herzen sein, kleiner Schatz!

Ein herzliches Dankeschön gebührt meiner lieben Heidi! Als meine ehemalige Lehrerin und Freundin hat sie mir bei diesem Roman mit Rat und Tat zur Seite gestanden. Sie hat diese Zeilen nicht nur korrigiert, sondern auch lektoriert, mich auf Fehler hingewiesen und mich beim Entstehen des Buches begleitet. Lieben Dank!

Danke auch an meinen lieben Kollegen, der mich beim Entwerfen des Covers, wie bereits bei meinem ersten Roman, unterstützt hat, und sich auch jetzt wieder geduldig jede meiner neuen Ideen angehört und postwendend umgesetzt hat! Dankeschön!

Ein ganz besonderer Dank gilt natürlich meiner einzigartigen Familie. Danke, dass ihr alle an mich glaubt und mich unterstützt. Vor allem danke ich euch dafür, dass ihr immer für mich da seid, wenn ich Hilfe brauche! Danke! Ich liebe euch! So sehr!

Ich bin unendlich glücklich und dankbar, mit dem Schreiben einen Weg gefunden zu haben, mich jeden Tag neu zu motivieren, mich abzulenken, und das Leben zu genießen, wie es auch verlaufen mag.

DANKE!

Alles Liebe für Sie alle!

Ihre Diana Hübner

Herstellung und Verlag:
BoD - Books on Demand, Norderstedt
ISBN 978-3-7386-0735-2

Ebenfalls bei Books on Demand erschienen:
„TRAUMLEUCHTEN" , Diana Hübner
ISBN: 987-3-7357-4029-8

Covergestaltung und Beratung: H. Banz, Walldorf/Thür.
Lektorat: A. Deschner, Brünn/Thür.

308